ÉTUDES

SUR

LES PLACES DE MAYENCE ET D'ULM.

Imprimerie de COSSE et J. DUMAINE,
rue Christine, 2.

FORTIFICATION PERMANENTE.

Tracés modernes allemands.

ÉTUDES

SUR

LES PLACES DE MAYENCE ET D'ULM

accompagnées de plans exacts et détaillés;

PAR

LE BARON **MAURICE**,

Capitaine dans l'état-major du génie de la Confédération suisse, ancien élève de l'École polytechnique, chevalier de la Légion d'honneur et de l'ordre de François Ier.

PARIS

LIBRAIRIE MILITAIRE DE J. DUMAINE,

ANCIENNE MAISON ANSELIN,

Rue et Passage Dauphine, 30

1852

AVANT-PROPOS.

Dans une précédente publication, nous avons exposé les principes d'après lesquels la forteresse fédérale de Rastadt a été construite (1), et nous nous sommes livré à une discussion critique sur la valeur réelle de son tracé; nous présentons aujourd'hui aux Lecteurs qui veulent bien nous suivre dans notre tâche (dont le but est l'appréciation du mérite relatif des deux éco-

(1) Plan et description de la citadelle fédérale de Rastadt, d'après des documents authentiques, in-8°, atlas in-folio. Paris, chez Corréard, 1850.

les, française et allemande), la description de la citadelle fédérale de Mayence et de celle d'Ulm; — ce travail sera moins étendu que le précédent, nous devons les en prévenir, 1° parce qu'il ne nous a pas été possible de nous procurer, sur chacune des deux forteresses, des détails assez circonstanciés pour être en état de simuler une attaque contre un des fronts, ainsi que nous l'avions fait pour le fort Léopold de Rastadt; 2° parce que la forteresse de Mayence doit être considérée comme un grand réseau d'ouvrages solidaires les uns des autres, dont plusieurs très-anciens; comme un vaste camp retranché, pour une armée, plutôt que comme un spécimen bien tranché de l'école moderne allemande en fortification, excepté dans ce qui concerne les forts détachés. Sous ce rapport, Rastadt était plus instructif. Quant à Ulm, cette forteresse, encore en construction, a, comme on le verra, une enceinte continue, des forts détachés et, du côté de la Bavière, une vaste tête de pont sur le Danube.

Mais plusieurs de ces ouvrages ne sont pas achevés ; quelques-uns ne sont pas même commencés.

On trouve à Ulm, comme à Rastadt, à Germersheim et à Coblentz, le caractère distinctif du tracé des ingénieurs prussiens et autrichiens. Malheureusement, il est fort difficile d'entrer dans des détails minutieux sur la construction des ouvrages, il faut conclure, par analogie ou par induction, de ce que l'on voit à ce que l'on ne voit pas. Et c'est peut-être ici le cas de regretter hautement que les ingénieurs allemands continuent à entourer leurs œuvres de tant de mystères pour dissimuler des secrets de défense qui ne rendraient pas le siége de la place moins difficile, quand même on parviendrait à les connaître. — Que l'on proscrive le lever du terrain environnant une forteresse, cela se conçoit aisément, car avec ce plan, on pourrait en faire pour ainsi dire le siége dans son cabinet; mais tant qu'on n'a pas la cote du plan de défilement des divers ouvrages du front d'attaque, par rapport à celle du terrain des approches, pour chaque point, on n'a pas le document de tous le plus important.

Les tracés allemands sont, en général, ou des tracés bastionnés très-épatés, à courtines brisées en avant, avec de grands réduits casematés à la gorge comme Rastadt et Vérone, ou bien des tracés polygonaux à escarpes détachées comme Coblentz, à demi détachées comme Ulm, ou avec des revêtements en décharge comme Germersheim, dans lesquels le flanquement des angles se fait par une caponnière casematée, placée au centre du grand fossé. — Il y a, d'ailleurs, une grande variété dans le choix des ouvrages extérieurs. Quelques ingénieurs ont adopté, pour couvrir la caponnière, une demi-lune avec un masque casematé qui bouche la trouée du fossé à l'extrémité de ses faces, et une contregarde pour couvrir l'angle du polygone, comme on le voit au fort Alexandre à Coblentz.

Quant au chemin couvert, tantôt il est à contre-pente, tantôt soutenu par une contrescarpe revêtue comme dans les tracés français. Les places d'armes sont quelquefois, comme à Rastadt, pourvues de réduits casematés en forme de fer à cheval qui, bâtis dans le fossé, balaient le chemin couvert et défendent le pied de la contrescarpe. Mais toujours les casemates forment la partie caractéristique du tracé. Seulement, au lieu d'abriter les embrasures au moyen d'un parapet en terre, adossé à la casemate, on en expose trop souvent les maçonneries aux coups de l'assiégeant.

Ce qui constitue le caractère spécial du tracé d'Ulm, attribué au colonel de Prittwitz, c'est que l'escarpe de l'enceinte continue et celle des forts, y sont, en général, à demi détachées, disposition déjà meilleure que celle proposée par Carnot, en ce sens que la chute du mur, entièrement détaché de l'escarpe, livre le parapet sans défense à l'assaut des colonnes d'attaque, tandis que la chute du mur crénelé qui s'élève autour du chemin de ronde, oblige encore l'assaillant à escalader une escarpe de cinq à six mètres de hauteur. — Les réduits casematés y sont aussi moins exposés aux coups du dehors qu'à Rastadt et à Coblentz.

Nous ne pouvons, toutefois, nous empêcher de persister à dire, que la substitution des murs isolés aux massifs en terre revêtus de la fortification bastionnée, est, en elle-même, une idée peu heureuse, parce qu'elle enferme le défenseur dans un cercle de maçonneries dont les massifs, pour ne pas être aperçus du dehors, n'en sont pas moins atteints par les boulets et les obus de l'assiégeant, et qu'il ne peut en éviter les dangereux éclats. — Nous persévérons également à critiquer l'emploi des caponnières de fossé, comme unique moyen de flanquement du corps de place, parce que les batteries de l'assiégeant, établies à 600 mètres de cette caponnière, dans la deuxième parallèle, pourront la battre en brèche, par le simple tir de but en blanc des pièces de gros calibre, et cela, sans être obligées d'apercevoir les faces ou les flancs de cet ouvrage important.

Jusqu'à ce que les ingénieurs allemands qui ont bien voulu nous faire l'honneur de répondre à nos critiques (1), nous aient satisfait sur ces deux points, nous les prions de vouloir bien nous permettre de persévérer dans la préférence que nous donnons aux tracés bastionnés perfectionnés de l'école française.

---

(1) Litterarisches Central Blatt (juin 1851).

ÉTUDES

SUR

LES PLACES DE MAYENCE ET D'ULM.

MAYENCE.

La ville de Mayence (1) est bâtie sur la rive gauche du Rhin. Elle communique avec la rive droite et avec Francfort au moyen d'un pont de bateaux, couvert par une vaste tête de pont, connue sous le nom de *Kastel*, sur la rive droite du Rhin. Les avenues de Mayence sont, au sud, la route d'Oppenheim, d'Hechtsheim et de Paris; à l'ouest, la route de Zalhbach et de Bingen ; au

Coup d'œil général sur Mayence.

(1) Mayence, place importante sous les Romains, détruite lors de l'invasion des Barbares, fut rebâtie par les rois francs et agrandie par Charlemagne; elle fut assiégée par les Suédois en 1631, par les Français en 1644 et 1688, puis prise en 1792; elle est aujourd'hui une des principales places fortes de la Confédération germanique. Sa population est de 25,000 âmes.

1

nord, sur la rive gauche, le chemin de Biebrich et de Wiesbaden ; à l'est, sur la même rive, la route d'Erbenheim et de Francfort. — En outre, sur la rive droite, le chemin de fer d'Oppenheim pénètre dans la ville par le sud. — Sur la rive gauche, le chemin de Francfort traverse le fort de Kastel et se dirige sur Wiesbaden.

Configuration topographique.

Le terrain est en général peu accentué au sud, jusqu'au plateau des Anlagen, qui présente des escarpements au-dessus du Rhin ; au sud-ouest, la route de Paris coupe le ruisseau du Wildgraben, qui va se jeter dans la Zeil, vers le village de Zahlbach. A partir de la route de Zahlbach, le terrain se relève et va se nouer au Linsenberg, colline au pied de laquelle coule la Zeil. — De l'autre côté du vallon de la Zeil, le Hardenberg pousse un promontoire très-escarpé vers le nord, au-dessus des Oberer et Unterer Mühle. A l'est, au-dessus du Gartenfeld, les terrains qui forment la ceinture de Mayence, au nord, sur la rive gauche, et qui portent les noms de Gartenfeld, Wiesenfeld et Bruchwiesen, sont plats et plutôt marécageux.

Rive droite. Le terrain est bas et humide au midi, du côté du *Main-Spize*.

Mayence peut servir de camp retranché pour une grande armée. C'est une citadelle d'une importance stratégique considérable.

Les fortifications du sud et de l'ouest de Mayence se composent d'une enceinte bastionnée d'un très-ancien tracé, avec couvre-face extérieur, fossé et chemin couvert, et de deux ceintures d'ouvrages détachés : ce qui constitue en quelque sorte trois enceintes à prendre et à franchir.

Les fortifications du nord consistent en un corps de place bastionné avec fossés à l'eau, couvre-face et double chemin couvert; et en deux ouvrages détachés occupant l'extrémité du *Hardenberg*, et se liant avec l'ouvrage nº 62 de la rive gauche, par une ligne dite *Verbindungs Linie*.

Les îles, dites *Ingelheimer Aue* et *Peters Aue*, sont défendues par des ouvrages ouverts à la gorge, et dont le saillant est tourné vers le nord.

Le pont de bateaux, sur le Rhin, est couvert par une grande tête de pont, consistant en un hexagone bastionné, dit le *Kastel*, dont les fronts sont couverts par des lunettes avancées et par un double chemin couvert. — La gorge du fort est fermée par un mur crenelé tracé en crémaillère, appuyé à la grande caserne casematée qui couvre le débouché du pont de bateaux. Les glacis du front 4-3 du Kastel sont reliés par une ligne continue, fortifiée au centre par un redan, à un grand ouvrage à corne 18 (fort *Gross Herzog von Hessen*), qui termine l'aile gauche de la tête de pont et ferme les avenues de la route de Wiesbaden et de Biebrich. Sur la droite du Kastel, le Rhin pousse un bras vers le Mein, à côté de la levée du chemin de fer qui vient de Francfort.

Les eaux du fleuve inondent ces terres basses et forment comme un fossé marécageux, en arrière duquel on a élevé l'enceinte du Rhin, dite *Untere*, *Mittlere* et *Obere*, *Rhein-Schanze*, qui se relie par une route de ceinture, et se joindra sans doute par un pont, avec le fort bastionné du Kastel. Les flèches du Mein (*Main-Spize*) ont reçu chacune une lunette avec réduit, 16 et 17.

Enfin, la ligne de gorge de la ville de Mayence, dite *Rhein Kehle*, celle qui est appuyée au pont et au fleuve et qui regarde le Kastel, a été fortifiée par cinq grandes batteries casematées, 64, 65, 66, 67 et 68, de manière à la mettre à l'abri d'une surprise par eau. (Voy. 2 *bis*).

Voici le catalogue complet des ouvrages qui composent la forteresse de Mayence (1) :

---

(1) *Voyez* le Plan.

Nos	NOMS.	DATE de la construction.	DATE de la réparation ou amélioration.
	A. *Ouvrages de la rive droite du Rhin.*		
1 2	Grande caserne casematée servant de réduit à la tête de pont.	1832	
3	Bastion Schwartzenberg..	»	
4	*Id.* Blucker.	»	
5	*Id.* Prince héréditaire Carl. . .	»	
6	*Id.* Prince Guillaume.	»	
7	*Id.* Duc Ferdinand..	»	
8	Ligne flanquante du Landgrave-Philippe..	»	
9	Lunette de Wiesbaden.	»	
10	*Id.* d'Erbenheim.	»	1843
11	*Id.* de Hochheim.	1806	1845
12	*Id.* de Francfort.	1806	1845
13	Fort inférieur du Rhin.	1806	»
14	*Id.* milieu. *id.*	»	»
15	*Id.* supérieur, *id.*	»	1846
16	*Id.* de la tête du Main.	1840	1846
17	Flèche Bleiau.	»	»
18	Fort du grand duc de Hesse (autrefois Montebello)..	1846	»
19	Tour de l'île de Saint-Pierre. . . .	»	»
20	Ouvrages de l'île d'Ingelheimer. . .	»	»

B. *Ouvrages de la rive gauche du Rhin.*

Nos	NOMS.	DATE de la construction.	DATE de la réparation ou amélioration.
	Enceinte continue.		
1	Bastion François.	»	»
2	*Id.* Salvator.	»	»
3	*Id.* Nicolas.	»	»
4	*Id.* Catharina..	»	»
5	*Id.* Albani..	»	»
6	*Id.* Germanicus.	»	»
7	*Id.* Drusus.	»	»
8	*Id.* Tacite.	»	»
9	*Id.* Allarme.	»	»
10	*Id.* Jean.	»	»
11	*Id.* Philippe.	»	»

Nos	NOMS.	DATE de la construction.	DATE de la réparation ou amélioration.
12	Bastion Martin.	1846	1846
13	*Id.* Boniface.	»	»
14	*Id.* Alexandre (point culminant de l'enceinte).	»	»
15	*Id.* George.	»	»
16	*Id.* Paul.	»	»
17	*Id.* Léopold.	»	»
18	*Id.* Félicité.	»	»
19	*Id.* Damien.	»	»
20	*Id.* Raimond.	»	»

Contre-gardes, Ravelins.

Nos	NOMS.	DATE de la construction.	DATE de la réparation ou amélioration.
21	Ravelin Catherine-Albani.	»	»
22	*Id.* Albani-Drusus.	»	»
23	Contre-garde Drusus.	»	»
24	Ravelin Drusus-Jean..	»	»
25	*Id.* Jean-Philippe..	»	»
26	*Id.* Gauthor.	1670	»
27	*Id.* Martin-Boniface.	»	»
28	*Id.* Boniface-Alexandre. . . .	»	»
29	*Id.* Alexandre-George.	»	»
30	*Id.* De la porte de Munster. . .	1670	»
31	*Id.* Paul-Léopold..	»	»
32	*Id.* Léopold-Félicité.	»	»
33	Contre-garde Félicité..	»	»
34	Ravelin Félicité-Damien. . . : .	»	»
35	Contre-garde Damien.	»	»
36	Ravelin Frédéric.	»	»
37	Contre-garde Carl.	»	»
38	Ravelin Raimond..	»	»

C. *Ouvrages détachés.*

Nos	NOMS.	DATE de la construction.	DATE de la réparation ou amélioration.
39	Fort Wezenau.	»	»
40	*Id.* Carthause.	»	»
41	*Id.* Carl.	1734	»
42	Lunette Carl.		»
43	Fort de la Sainte-Croix..		»

Nos	NOMS.	DATE de la construction.	DATE de la réparation ou amélioration.
44	Fort Welsch.	»	»
45	*Id.* Elisabeth..	1743	»
46	*Id.* Philippe.	1734	»
47	Tenaille Clairfait	»	»
48	Fort Joseph.	1728	»
49	Lunette Joseph.	»	»
50	Fort Haupstein.	»	»
51	Lunette, *id.*	»	»
52	*Id.* Indensand.	»	»
53	Fort Hardeberg.	1831	»
54	*Id.* Hartmühl.	»	»
55	*Id.* Hechstein.	»	»
56	*Id.* Mariaborn.	»	»
57	Lunette Zahlbach.	»	»
58	*Id.* Stahlberg.	»	»
59	Fort Dalheimer.	»	»
60	Tour Bretzenheimer.	1843	»
61	Tour Kirckhof.	»	»
62	Fort de l'Inondation.	»	»
63	*Id.* Raimond..	»	»

D. *Ouvrages de la rive gauche du Rhin bâtis au bord du fleuve.*

Nos	NOMS.	DATE de la construction.	DATE de la réparation ou amélioration.
64	Batterie du château.	1848	»
65	*Id.* du port.	»	»
66	*Id.* du milieu.	»	»
67	*Id.* de la Bocksthor.	1849	»
68	Tour de la berge du Rhin..	1844	»

On voit, par cette énumération, que la forteresse comprend : 1° sur la rive droite du Rhin, dans les deux îles du Rhin et dans celles du Mein. . . . . 20 ouvrages;

2° Sur la rive gauche du Rhin. 68 id.

Total 88 ouvrages.

Or, sur ces 88 ouvrages, il n'y en a (à notre connaissance) que 16 qui aient été créés de toute pièce ou remaniés, à partir de l'année 1806. On peut même dire que l'enceinte continue de la ville (rive droite) est d'un tracé fort ancien dans plusieurs de ses parties. Mais la partie sud et sud-ouest de la place, jusqu'à une distance de 2 kilomètres, a été, de la part des ingénieurs militaires, l'objet de combinaisons savantes et de tracés compliqués, comme on le verra plus loin. Cette partie des environs de Mayence est douée d'une grande force de résistance plutôt par la disposition et l'orientation des ouvrages que par la nature de leur tracé.

Description de la place rive gauche, enceinte continue.

En partant du fleuve (1), on trouve le front bastionné 1-2 dont le fossé est mouillé jusqu'au milieu de la courtine. Il est couvert par la couronne 3-4-5; le fossé de celle-ci est à l'eau jusqu'à

(1) Dans le plan des fortifications, nous avons adopté pour magistrale (suivant la règle suivie en matière de fortification permanente), le cordon d'escarpe des maçonneries; en sorte, que c'est la ligne noire la plus forte qui indique l'escarpe, qu'elle soit revêtue comme dans l'enceinte continue, détachée, ou demi-détachée comme dans les forts avancés. Pour le fort Weizenau, dans lequel les chicanes ont été très-multipliées ainsi que les ressauts du terrain, le plan n'aurait pas été suffisamment clair, même pour l'œil exercé d'un ingénieur militaire. Nous avons dû recourir à une coupe, afin de faire mieux comprendre le bizarre tracé de cet ouvrage.

la chaussée de la route d'Oppenheim. Le front 4-5 de la couronne est couvert par le ravelin 21, et enveloppé par un chemin couvert.—A la suite du front 1-2, on rencontre le tétragone bastionné 6-7-8-9, qu'on pourrait appeler la citadelle de Mayence, car ce fort est entièrement isolé par un fossé sec.

Son front 6-7 est couvert par le ravelin 22;— le bastion 7, ou *Drusus*, par une contre-garde, et le front 7-8 par un ravelin 24. A la suite de la citadelle, on rencontre dans la magistrale du tracé de Mayence de grandes anomalies.— Ainsi, par exemple, le bastion 10 n'a point de flancs; le bastion 11 en a un à angle droit sur la face, ainsi que le 12, et la courtine entre le 11 et le 12 est brisée, apparemment pour ménager un croisement de feux sur le pont qui sert de communication avec le ravelin 26; mais ce tracé n'en est pas moins assez vicieux.—Les deux fronts 12-13 et 13-14 sont des fronts tenaillés à la manière de Montalembert, avec un réduit circulaire en arrière de l'angle rentrant des deux faces, et un ravelin pentagonal dans l'angle rentrant du fossé. —Les fronts suivants, 14-15, 15-16, 16-17, 17-18 et 18-19 ont des courtines brisées, en arrière, à la manière de Rimpler, et des contre-gardes de bastion avec des ravelins très-morcelés. Mais ce qui corrige un peu l'imperfection de ce tracé, c'est que les fossés sont inondés, et que l'on a ajouté aux ravelins des réduits de gorge circulaire casematés.

Réflexions sur le tracé de l'enceinte continue.

Le ravelin 21 a le fossé de la face gauche sans défense. Les faces du bastion 4 ne sont point flanquées, non plus que la face gauche du bastion 5.

Le flanc droit du n° 1 flanque mal la face gauche du n° 2. Dans le tétragone, les flanquements sont mieux accusés; mais les flancs sont petits : plusieurs n'ont que 30^{m}. — Sur le front 6-7 de la citadelle, il existe deux trouées au corps de place que le tracé du couvre-face eût dû fermer : la première se trouve entre la face droite du bastion 5 de la couronne et le ravelin 22; la seconde, entre ledit ravelin 22 et la contre-garde 23.

Nous en dirons autant du front 7-8.—On peut découvrir l'escarpe de la face droite du bastion 7 et la courtine 7-8, de la crête du chemin couvert, et battre en brèche leurs maçonneries, sans en être empêché par le ravelin 24.

Les deux saillants des fronts 10-11 sont fort exposés à un coup de main. — Le ravelin 25 ne masque que les maçonneries d'une partie de la face gauche du bastion 11 et une partie de celles de la face droite du bastion 10. — Dans le front 11-12, on comprend bien le but du tracé adopté pour la courtine, qui a été de battre les fossés des faces et de canonner le pont de communication ; mais on n'a pas pu éviter ainsi des feux fichants d'un ouvrage dans l'autre. Les fronts tenaillés 12-13, 13-14 sont bien entendus, les faces sont grandes. Le point culminant de l'enceinte se trouve au bastion 14, qui regarde le plateau du Hardenberg. Les ravelins 27 et 28 sont trop petits et trop épatés ; on aurait dû leur donner des branches ou épaules, comme l'a fait Montalembert dans son tracé tenaillé. — Les fronts 15-16, 16-17, 17-18 et 18-19 prêtent aux mêmes critiques que nous avons faites au front 11-12. Le front 17-18 rappelle le tracé de Rimpler, comme nous l'avons dit. Le ravelin 31 est dans le chemin couvert. La contre-garde 35 est située entre deux ravelins, 34 et 36, dont le dernier, par son tracé, bouche la trouée du fossé de la contre-garde, et empêche qu'on n'aperçoive du chemin couvert les maçonneries du bastion 19 : il n'en est pas de même pour le ravelin 34, les fossés de ses deux faces démasquent l'escarpe des deux bastions, 18 et 19. La courtine 19-20 est extrêmement longue, le flanc gauche du bastion 20 n'a qu'une action très-imparfaite sur la face droite du bastion 19.

Au total, le tracé des fronts nord est beaucoup plus défectueux que celui des fronts sud et ouest :

nous ne parlons pas des murs qu'on a élevés au-dessus du cordon d'escarpe pour masquer le pied du talus extérieur du parapet, ces murs ne contribueraient en rien à la défense.

Seconde enceinte.—Rive gauche. —Forts détachés.

Nous appellerons seconde enceinte, celle qui commence au fort *Weizenau* (39), et qui se termine à la lunette *Haupstein* (51).

Cette enceinte, qui couvre le sud et l'ouest de Mayence, entre le Rhin et la Zeil qui passe au pied du Linsenberg et du Hardeberg, dont le Haupstein occupe un des mamelons, cette enceinte, disons-nous, comprend onze ouvrages principaux : forts, tours ou lunettes, lesquels sont reliés entre eux par des lignes à crémaillères, et à intervalles pour les retours offensifs, et reliés à la gorge par une route stratégique de ceinture qui part des Anlagen, passe à la gorge du fort d'Haupstein, et va retomber à la hauteur du Hartmühle Schanze, et en avant de l'*Inundations-Schanze*, sur la route qui mène de Coblentz à Mayence.

Description des ouvrages de la seconde enceinte.

Voici le nom de ces différents ouvrages et leur description abrégée :

Fort Weizenau (39). C'est une espèce d'ouvrage à cornes, dont les deux demi-bastions, haut et bas, sont reliés par une courtine convexe, et séparés par une grande traverse. Du terre-plein des bastions on descend par un talus assez doux dans un second terre-plein occupé par trois grands réduits, dont deux ont la forme d'un compas ouvert, avec une portion circulaire qui relierait les deux branches de compas. Tout a été combiné dans la disposition des obstacles et des chicanes de ce fort, pour que les défenseurs puissent défendre le terrain pied à pied, et se retirer ensuite par la route des Anlagen, dans les forts 40 et 41.

Le fort Weizenau (*Voyez* les coupes de la planche n° 2) n'a pas d'escarpe revêtue; au pied du talus extérieur, règne une palissade; de l'autre côté un petit terre-plein qui se termine par un fossé de 2^{m} de largeur. On pourrait, à la rigueur, considérer ce petit terre-plein comme un premier fossé, et la palissade comme une escarpe détachée. La caponnière casematée, qui est placée au milieu du front, bat ces deux fossés; son relief ne dépasse pas la crête du glacis. La contrescarpe est revêtue et pourvue vers le saillant de galeries à feux de revers. Le chemin couvert présente des dispositions de chicanes très-variées. Tantôt (*Voyez* la coupe *cd*) il est taillé en talus dès la banquette au cordon de contrescarpe, et coupé par des murs crénelés, disposés en traverses, qui battent ce talus à revers. Tantôt il est horizontal (*Voyez* la coupe *a b*) et supporté par des galeries souterraines à feux de revers. La place d'armes, arrondie en avant du saillant, est occupée par un réduit casematé en forme de fer à cheval, qui porte des feux sur les glacis de cette place d'armes et sur le terre-plein du chemin couvert. —Il est difficile d'accumuler plus de chicanes et de ressauts que les ingénieurs autrichiens n'en ont réuni dans ce seul ouvrage. Voici maintenant les défauts qui frapperont tous les ingénieurs dans ces dispositions défensives :

1° Le petit fossé sera un couloir à projectiles pour les boulets et les obus qui iront ricocher contre les faces de la caponnière casematée, et démanteler ses maçonneries, sans parler des coups de plein fouet tirés à la distance du but en blanc, et qu'aucun massif en terre n'est là pour arrêter ; 2° le réduit casematé du chemin couvert et les murs crénelés, disposés en traverse, seront également démolis de loin par l'artillerie assiégeante, et alors, une fois ces défenses mises à néant, que reste-t-il à l'assiégé, à part les casernes casematées enfoncées dans le terre-plein du fort, pour arrêter l'ennemi ; car nous ne comptons pas l'escalade de l'escarpe du petit fossé et la palissade de pied du parapet comme des obstacles sérieux.

Sur le même niveau que le fort Weizenau, on trouve le fort dit *Carthause* (40) : c'est une lunette qui a des faces de 50^m et des flancs de 40^m, avec un large fossé ; elle n'est pas enveloppée de tout côté d'un chemin couvert, et son réduit de gorge est une tour casematée qui n'a pas de commandement sur le glacis.

Le fort 41 (*fort Carl*) est une lunette qui a des faces de 80^m et un grand réduit à la gorge en forme de fer à cheval allongé. C'est une pièce importante pour la résistance de la place, parce qu'elle est placée comme clef des routes de *Hechstheim* et d'*Oppenheim*, qui entrent dans la ville par le bastion *Catharina* (4). Les Autrichiens ont senti cela, aussi ont-ils enveloppé le fort Carl d'une vaste place d'armes qui commande ces deux routes. Pour mieux assurer la retraite des défenseurs sous le canon de la place, ils ont prolongé les crochets de cette place d'armes jusqu'à la route de ceinture ; et de chaque côté de la double caponnière à ciel ouvert qui relie la gorge du fort Carl à la route stratégique, ils ont élevé unè batterie casematée et un réduit circulaire casematé.

En outre, à la hauteur de l'épaule gauche du fort Carl, ils ont construit dans le terre-plein de la place d'armes, une batterie appelée *Lunette Carl* (42). Il résulte de cette disposition que la prise de la place d'armes n'entraîne pas celle du fort 41, et ce fort lui-même fût-il pris, il faudrait encore pénétrer dans la double caponnière sous le feu des tours. Un fossé isole le fort Carl de la ligne à crémaillère qui le rattache au fort *Welsch* (44). Celui-ci est une simple lunette sans flancs; mais ce qui lui donne de l'importance, c'est qu'elle sert de réduit à un autre fort d'une grande capacité de résistance, situé sur un plateau un peu plus élevé, le fort *Heiligen-Kreutz*, (43).

Ce fort mérite d'être décrit avec soin. C'est une lunette épatée dont l'escarpe à demi détachée entoure le chemin de ronde d'un mur crénelé pour la mousqueterie qui fait le tour de l'ouvrage, et qui est coupé, de distance en distance, par des traverses casematées qui viennent s'appuyer à ce mur. Le parapet de la lunette se termine au saillant par un large pan coupé, duquel on descend par une poterne dans un terre-plein, dont le sol est séparé du fossé, à droite et à gauche, par le prolongement du mur crénelé de la partie haute de l'ouvrage.

Ce mur crénelé au saillant est voûté aux deux tiers de son épaisseur. De ce petit réduit avancé on pénètre dans une caponnière en maçonnerie qui aboutit à un réduit casematé, en forme de fer à cheval, dont la destination est de battre le saillant du chemin couvert et de flanquer les fossés des faces. Sur les faces et sur les flancs du fort, le glacis est à contre-pente. Sa gorge est fermée par un réduit circulaire casematé, et le fossé de la gorge est battu par une caponnière casematée. On remarquera que les flancs y sont dépourvus de tout flanquement. Quant aux faces, elles ne reçoivent qu'un flanquement très-oblique du réduit casematé en fer à cheval qui occupe le saillant. Nous aimons mieux le tracé des forts de Cologne, avec lesquels celui-ci a plus d'un trait d'analogie; mais dans les forts de Cologne, le réduit ou bastionnet du saillant flanque beaucoup mieux. Les faces et les flancs sont protégés par les masques casematés appuyés à la ligne de gorge.

Le fort *Elisabeth* (45) est une lunette tracée suivant la manière de Coëhorn, dont elle est à peu près contemporaine. Une vaste place d'armes à crochets et à crémaillères s'épanouit sur le revers de la contrescarpe, et les intervalles pratiqués dans les lignes à crémaillère, vers la gorge du fort Élisabeth, laissent un libre développement aux sorties et aux retours offensifs de la garnison. Entre le fort Élisabeth et le fort *Philippe* (46), la ligne à crémaillère forme un rentrant destiné à faire converger les feux sur la route de Paris. On voit que les ingénieurs autrichiens ont tout fait pour fortifier ce front autant que possible, considérant ce côté-là comme le plus exposé aux attaques. Le fort *Philippe* (46) est une grande lunette avec un réduit casematé en forme de fer à cheval allongé ; son chemin couvert s'épanouit en une vaste place d'armes polygonale à crochets, et la gorge du fort est rattachée à la première enceinte par une double caponnière à ciel ouvert, avec réduits casematés. Le plateau sur lequel le fort Philippe est bâti devient accidenté, à partir du chemin de Zahlbach, et il s'incline en pente dirigée vers les escarpements qui dominent la Zeil (*im kalten loch*). — La ligne à crémaillères suit le bord du plateau et va s'appuyer à quelques cents mètres de là, au fort *Clairfait* (47), qui a lui-même pour ligne de gorge le chemin stratégique qui forme la ceinture de la seconde enceinte. — Ce fort est une couronne polygonale avec trois redans en saillie. Ces trois redants, de 80^m de face, sont reliés entre eux et rattachés à la couronne par un fossé sec. Ils sont enveloppés par un chemin couvert. — La ligne à crémaillère relie le fort Clairfait au fort *Joseph* (48), établi sur la crête du Linsenberg. C'est une lunette de 100 mètres de face, avec un grand réduit casematé à la gorge et deux autres réduits en aile pour couvrir la retraite des défenseurs par la double caponnière casematée, qui relie le fort Joseph au chemin couvert du front tenaillé 13-14 de l'enceinte continue. Au pied du Linsenberg et du Hardeberg, passent les routes de Zahlbach et de Bingen, qui sont plusieurs fois coupéees par le cours de la Zeil. Pour rattacher le plateau du Linsenberg à celui du Hardeberg et barrer la vallée, on a dû continuer la ligne à crémaillère jusqu'à la crête du Hardeberg, où son fossé se joint à celui de la grande place d'armes du fort *Haupstein* (50). Si l'on veut comprendre le tracé de cet ouvrage, il est nécessaire de suivre le plan général des fortifications de Mayence.—L'étude de ce plan montre qu'à l'ouest de Mayence, le Hardeberg pousse vers la ville un promontoire dont l'occupation par l'ennemi serait très-dangereuse; car, il en est à 340 mètres seulement. Il a donc fallu s'y établir fortement. Comment s'y sont pris pour cela les ingénieurs autrichiens?—Ils ont éclairé le plateau par une grande place d'armes qui suit les accidents et les plis du terrain, et dont les branches extrêmes rattachent le fort supérieur au fort inférieur. Ce fort supérieur (50^1) est une lunette à grandes faces et à grands flancs; deux tenaillons occupent le terrain en arrière qui sépare la gorge de ce fort des escarpements du Hardeberg.

Le fort inférieur (50^2) est une lunette avec réduit, casematée à la gorge; il est traversé par la route qui vient du nord de Mayence, et forme la clef de celles de Zahlbach, de Bingen et de Coblentz, qui pénètrent dans la ville par le *Münster-thor Ravelin* (30). — En outre, sur la droite,

2.

on a élevé une lunette casematée, appelée lunette Haupstein (51) qui est orientée de manière à flanquer les approches du fort et à battre le Gartenfeld.

Troisième enceinte.—Rive gauche.—Forts détachés.

En avant du fort Joseph, la grande place d'armes qui domine les escarpements du Linsenberg, a été occupée par une lunette avancée, la *lunette Joseph* (49). C'est une lunette ouverte à la gorge, et à laquelle le fort 48 sert de réduit. — Du chemin couvert de cette lunette part un mur crénelé qui la rattache au fort Dalheimer (59). — Ce dernier, et les numéros 58, 57, 56 et 55, forment ce que nous appellerons la troisième enceinte des fronts ouest de la rive gauche.

Le fort *Dalheimer* (59) est une lunette avec une grande traverse casematée en capitale et un réduit demi-circulaire à la gorge.

Le fort *Stahlberg* (58) est une lunette pentagonale à escarpe à demi détachée et crénelée, qui a une grande tour casematée pour réduit à la gorge.

Le fort *Zahlbach* (57) est un ouvrage irrégulier, composé de deux parties, 1° une redoute haute, revêtue d'une escarpe demi-détachée, et 2° une redoute basse qui n'a pas d'escarpe revêtue.

Ces deux ouvrages sont séparés par une traverse casematée, et leur retranchement consiste en deux réduits en fer à cheval, reliés par une galerie souterraine.

Les forts *Hechtsheim* et *Mariaborn* (55 et 56), grandes lunettes avec des tours casematées en forme de trèfle pour réduits, sont à 40 mètres à droite et à gauche de la route de Paris, et complètent la clôture des abords du camp retranché qu'on pourrait établir entre la seconde et la troisième enceinte, pour se replier plus tard entre la seconde et la première enceinte de Mayence; le fort 56 a un glacis à contre-pente. Le numéro 55 a une contrescarpe revêtue. Tous les deux ont une escarpe à demi détachée et crénelée.

En avant de Zahlbach, sur le plateau qui domine le village, on trouve le *Bretzenheimer Thurm* (60), grande tour casematée à la manière de Montalembert, sauf que le parapet de la plate-forme supérieure est en terre et non en maçonnerie.

Au bord de la route de Bingen, sur le plateau dit : *Gottes Acker*, est le *Kirckhof Thurm* (61).

Ces deux ouvrages avancés forceraient l'ennemi à les attaquer et à les prendre, avant que de pouvoir commencer ses approches contre les ouvrages de la troisième enceinte, ou se glisser à la faveur des plis de terrain du Zeil, jusqu'à la ligne à crémaillère 48-50. — Le côté nord de l'enceinte continue est le plus faible.

Voilà, sans doute, pourquoi on a élevé les forts 52, 53, 54. — Le fort *Iudensand* (52) est une vieille tour casematée, qu'on est occupé à réparer.

Le fort *Hartenberg* (53) est une redoute heptagonale avec un immense réduit pentagonal, casematé à noyau vide, et deux caponnières casematées dans les fossés : c'est un ouvrage très-important qui a une communication en partie à ciel ouvert avec le fort 54.

Ce fort dit *Hartmühl* est une redoute à cinq faces avec fossé sec, battu par une caponnière casematée et un chemin couvert avec un glacis en éventail. — L'intérieur est occupé par un réduit casematé. — Ces deux forts se complètent l'un l'autre, et disputent à l'ennemi, par leur position dominante, l'occupation de la crête du Hardeberg qui regarde les fronts de la ville, du côté du nord-ouest.

Le n° 62, appelé *Inundation's Schanze*, est une grande redoute avec un large fossé à l'eau, qui arrive du Rhin par une écluse. Cette eau coule des fossés dans le Wildgraben, d'où elle peut se répandre dans les plaines du Bruchwiesen, dans le Gardenfeld et le Wiesenfeld.

On a rattaché cet ouvrage aux n°s 54 et 55, par

une sorte de courtine précédée d'un fossé, qui porte le nom de *Verbindung's Linie.*

Enfin, en capitale du ravelin dit *Raimundi*, espèce d'enveloppe ou de bonnet de prêtre qui couvre le bastion 20, on trouve la redoute (63) ou *Raimundi Schanze*, qui ferme la ligne des ouvrages détachés de la rive gauche. Elle est destinée à barrer la route de Coblentz,

Iles du Rhin.— Forts détachés.

L'île appelée *Ingelheimer Aue* (ou pâturages d'Ingelheimer), renferme trois lunettes ouvertes à la gorge avec des fossés mouillés. — Ces ouvrages se flanquent mutuellement.

Dans l'île de *Peters Aue*, l'ouvrage numéro 19, dit *Peter's Aue Thurm*, a été bâti en 1846. Cette tour forme le réduit d'une lunette qui elle-même se présente comme le bastion central d'une enceinte polygonale qui vient s'y appuyer; les fossés du front principal sont à l'eau. Ces ouvrages sont ouverts à la gorge. — Toute la rive Est du bras droit du fleuve est bordée d'un mur crénelé, interrompu par des intervalles qui serviraient à opérer des sorties contre les débarquements de l'ennemi. Ce mur se termine au glacis d'un ouvrage, sans fermeture du côté de la gorge, et dont le fossé est inondé.

On a cru devoir occuper le milieu de l'île par une redoute carrée, de 50 mètres de côté, environnée de fossés pleins d'eau, et qui croise ses feux avec ceux de la lunette Raimundi sur le terre-plein de la lunette 20 de l'Ingelheimer Aue, si elle venait à être occupée par l'ennemi. — Au surplus, ce côté du nord n'est pas le point d'attaque le plus probable, puisqu'il regarde l'Allemagne ; et, en outre, ces terrains bas sur lesquels les forts des îles, du Hardeberg et de la lunette 9 (*Wiesbaden*) auraient une action terrible, ne seraient probablement pas le point que choisirait l'ennemi pour commencer ses approches contre Mayence. — Mais, nous reviendrons plus loin sur ce sujet.

Rive droite du Rhin. — Description du tracé.

La flèche *Bleiau* flanque les abords du fort Weizenau sur la rive gauche, ses deux faces gauches battent la presqu'île située entre le Rhin et le Mein et le fort dit *Main-Spize Schanze* (16), bat par son flanc droit les abords du fort Weizenau, par sa face gauche, le Rhin en amont, et par sa face droite et son flanc droit, les avenues de Francfort et le cours du Mein. — C'est une lunette à grandes faces, pourvue d'un réduit demi-circulaire de 20 mètres de rayon; elle a un fossé sec de 20 mètres, et deux petits réduits de fossé ou oreilles de chat pour battre les fossés des flancs. — Les fossés des faces nous paraissent dépourvus de défense.

Ce qui ajoute à la force de cette lunette, c'est un bras de communication du Rhin au Mein, faisant fossé au pied des glacis. — D'ailleurs, il importerait peu à l'ennemi de s'emparer de cet ouvrage, tant qu'il ne serait pas maître du fort Weizenau, de la lunette 40, rive droite, et de l'*Obere Rhein Schanze* (15). — Il y serait battu à dos et de revers. — Il ne pourrait lui importer de diriger une attaque sur le n° 16, que si, muni d'un équipage de ponts, il essayait ensuite de prendre l'Obere Rhein Schanze par la gorge, pour arriver au Kastel. Mais encore serait-il fort inquiété dans son attaque par les forts 40 et 41, par la face droite extrême de l'Untere Rhein Schanze, sans parler des batteries 66, 67, 68 de la *Rhein Kehle* et des 15-14-13 (*Obere-Mittlere* et *Untere Rhein Schanze*). — Entre le Rhin, le Mein, le chemin de fer et la route de Francfort s'étend un terrain marécageux, sillonné par deux bras du Rhin : les ingénieurs Autrichiens paraissent avoir craint que l'ennemi, après s'être emparé des n°s 15 et 16, n'approchât trop de la rive droite du Rhin, de manière à pouvoir prendre à revers la tête de pont et l'enceinte continue de la rive gauche, et à dos le fort Weizenau et la seconde enceinte. Voilà, sans doute, pourquoi ils ont construit ces trois forts.

Ils ne présentent ni les uns ni les autres rien de saillant dans leur tracé : le n° 15 est une lunette pourvue à la gorge d'un réduit casematé, en forme de fer à cheval, suivant l'usage. —La contrescarpe n'est pas revêtue, il n'y a pas de chemin couvert : elle forme le bastion de droite d'une sorte de couronne. — La courtine est brisée en avant; le n° 14 (*Mittlere Schanzè*, 1846) est une grande lunette isolée par un fossé sec;— la courtine est non revêtue dans la partie couverte par la gorge de la lunette, le fossé de la gorge est muni d'un réduit casematé. — Les directions données à la courtine 14-15 ne peuvent s'expliquer que par la nature des plis du terrain;— la portion droite de l'escarpe de la courtine barre le fossé sec jusqu'à ce qu'elle rencontre la contrescarpe du fossé, puis cette escarpe se replie en arrière, et on a ménagé une portion de terreplein entre son pied et la crête du glacis qui est flanquée par le second flanc droit du fort 13 (*Untere Rhein Schanze*) ; la troisième face droite de ce fort (en partant du saillant), balaiele terrain situé entre les deux bras du Rhin et le glacis du Mittlere Schanze; le troisième flanc droit, celui qui s'appuie à la gorge 15, bat le terrain situé entre le Rhin et la gorge des deux autres forts, et le débouché de la route stratégique qui côtoie le fleuve.

On comprend également les directions des autres parties du fort 13; elles sont destinées à flanquer les branches collatérales; mais on ne s'explique pas très-bien l'orientation du grand flanc gauche : il est vrai qu'il flanque la longue courtine qui relie les trois-Rhein Schanze à la caserne de la tête de pont du Kastel ; mais aussi, il fiche dans le terre-plein de ce dernier ouvrage. Peut-être a-t-on voulu se ménager des vues sur les fossés du bastion 8 du Kastel et se réserver de battre son terre-plein, si, à la suite d'un siége dirigé contre les fronts du nord 3-4, on venait à s'en emparer, avant que les Rhein Shanze fussent prises.

Le Kastel est un fort hexagonal irrégulier. Le n° 8, appuyé au Rhin et au bras de débordement, est un bastion qui a deux faces gauches et deux flancs gauches; le bastion 7 vient s'appuyer au mur de gorge du réduit de la tête de pont. Son flanc ne bat point la face droite du n° 6, mais seulement la courtine et l'entrée de la route de Francfort. Pour bien couvrir les avenues de la route et du chemin de fer, on a construit, un peu sur la gauche de la capitale du front 6-7, la lunette 12, dont la face gauche bat la grande route, la face droite prend à dos le glacis de la courtine de l'Untere Rhein Schanze. — La courtine 7-8 enfile le chemin de fer.

Ce front est entouré d'un fossé sec et est enveloppé d'un chemin couvert et d'un glacis.

Fronts 6-5, 5-4. Ces deux fronts se ressemblent beaucoup, ils forment en quelque sorte à eux trois une couronne simple. Leurs fossés sont mouillés à partir du saillant du n° 6 jusqu'au saillant du n° 4. Deux ponts dormants les traversent. Ces deux fronts sont enveloppés d'un premier chemin couvert, dont le terre-plein est battu par un réduit casematé en fer à cheval. Deux caponnières à ciel ouvert font communiquer ce chemin couvert avec deux lunettes avancées 11 et 10, dont le fossé des faces est plein d'eau et ceux des flancs battus par les feux en arrière des batteries 5 et 4; un second chemin couvert avec glacis enveloppe ces lunettes, et enfin, un troisième chemin couvert à grand glacis règne à partir de la route de Francfort jusqu'au chemin d'Erbenheim. Cette disposition de trois chemins couverts à très-larges terre-pleins se prête à merveille aux retours offensifs et aux manœuvres de vive force, et les grandes faces de ces lunettes balaient les glacis de ces chemins couverts successifs. — Le front 4-3 a des fossés secs. Sa courtine sert d'entrée à la route de Wiesbaden et le bastion 3 à la route de fer de Francfort à Wiesbaden. Le terrain, de l'autre côté de la contrescarpe, est de niveau et s'abaisse insensiblement en rampe jusqu'aux fossés à l'eau des faces de la *lunette de Wiesbaden* 9. Le chemin couvert de cette lunette est protégé par un glacis qui va rejoindre le niveau de la campagne sur la branche gauche du chemin couvert, et qui est abrité par un avant-glacis, celui des fronts 4-5, 5-6, sur la branche droite. Le glacis du chemin couvert de la lunette de Wiesbaden va s'appuyer au Rhin.

Il faut convenir que les avenues de la route de fer de Wiesbaden et du chemin d'Erbenheim, sont bien défendues par la courtine 4-3, le bastion 3, la face gauche de la lunette de Wiesbaden et la face gauche du bastion 4; on a rattaché le glacis de cette lunette 9, qui va mourir à la route de Wiesbaden avec le fort 18, par une courtine en terre avec glacis. Ce fort 18 est un ouvrage à cornes assez mal dessiné; ses deux bastions sont étroits, trop aigus, ses grandes branches donnent prise au ricochet; une vieille tour à la Montalembert, placée dans le terre-plein du chemin couvert de la face droite, est destinée à balayer les approches; il est muni à la gorge d'un réduit en mur crénelé circulaire.

Le fort 18 complète l'ensemble des ouvrages qui composent la tête de pont du Rhin. Les abords des chemins de Biebrich et de Wiesbaden sont, d'ailleurs, défendus par les ouvrages 19 de Peters Aue.

Discussion sur le tracé des fortifications de Mayence. — Détermina-

1° Les fronts nord ne nous paraîtraient pas devoir être choisis pour fronts d'attaque, quoi-

tion du point d'attaque. que le tracé de l'enceinte continue soit bien défectueux, mais, outre que l'ennemi aurait la chance de se voir noyer dans ses tranchées par les inondations, il serait inquiété par les coups de revers des ouvrages des îles du Rhin, et par ceux des fronts 4 et 3 du Kastel et de la lunette de Wiesbaden. Il aurait aussi tellement à redouter les coups plongeants des forts 53, 54 et 52, qu'il nous semblerait difficile de tenir dans le Wiesenfeld, si on ne commençait pas par prendre tous ces ouvrages.— Mais, dans tous les cas, fussent-ils pris, il resterait toujours la lunette Haupstein (51), dont on ne pourrait entreprendre le siége qu'après la chute du fort supérieur 50, duquel elle est dépendante. Cette prise entraînerait celle du fort 61. — On serait donc forcé d'étendre démesurément ses attaques sur la droite, et la gauche serait toujours en prise aux coups de revers des ouvrages situés dans les îles du Rhin.

Les fronts sud sont trop redoutablement défendus pour qu'on puisse trouver de l'avantage à l'attaquer. Nous avons vu qu'il y aurait trois enceintes à prendre : trois enceintes d'ouvrages importants, reliés les uns aux autres par des routes de ceinture commodes et nombreuses, formant entre les lignes fortifiées deux camps retranchés successifs, bien préparés pour des manœuvres de vive force et des sorties vigoureuses.

Voyons les fronts de l'est; le Kastel est une tête de pont très-forte, si on l'aborde entre les routes de Francfort et d'Erbenheim. Tenterait-on de le tourner par la gorge, en attaquant le Rhein Schanze? mais le terrain est peu favorable en avant. On serait inquiété dans les travaux par les ouvrages du Main-Spize et par les lunettes 11 et 12 du Kastel.

Tenterait-on, au contraire, le siége des fronts nord 4-3 du Kastel? Il faudrait d'abord prendre le fort 18, et les ouvrages des Peters Aue ne permettraient pas de travailler avec sécurité aux sapes, si on ne commençait pas par les prendre ce qui ne laisserait pas que d'être laborieux sur un fleuve comme le Rhin, quoique pourtant cela ne soit pas impraticable. — Restent les fronts de l'ouest. Etudions-les un peu!

La grande route de Zahlbach passe au pied des hauteurs du Linsenberg et du Hardeberg, côtoie la Zeil et va se réunir à la route de Bingen qui descend en pente douce du Hardeberg; leur point de réunion a été barré par la ligne à crémaillère qui réunit les deux hauteurs. La route continue ensuite, tourne à gauche et pénètre dans la place par la face droite du Munsterthor-Ravelin, et par un pont jeté sur le grand fossé à l'eau du front 15-16.

La défense principale des fronts ouest, c'est le bastion 14 et le fort Haupstein, le fort et la lunette Joseph; et, en avant, les tours Bretzhenheim et Kirckhof. Une fois qu'on aurait percé la ligne à crémaillère qui joint les deux plateaux, après avoir réduit les forts Haupstein et Joseph, on se trouverait, il ne faut pas l'oublier, pris de flanc par le fort Clairfait, et par la face droite du fort Alexandre qui a un grand commandement : le ravelin 29, le bastion George, le bastion Paul et les ravelins 30 et 31 pourraient aussi entrer en jeu. Mais tous ces ouvrages tomberaient bientôt, si l'assiégeant était maître du fort Haupstein et du plateau supérieur.

Nous ne devons pas nous dissimuler toutefois que, pour le prendre et s'y maintenir, il faut avoir pris les ouvrages 52, 53 et 54, ainsi que les nos 60 et 61.

En outre, l'assiégeant sera fort contrarié par les sorties du double camp retranché qui manœuvrera par la route de ceinture. Mais il aurait pour lui une bonne assiette sur les hauteurs de Zahlbach et du Gottes Acker, qu'il tâcherait d'étendre vers le Hardeberg.

Son premier soin devrait être, suivant nous, de s'emparer des ouvrages 53 et 54, sans la prise desquels il ne pourrait ouvrir un siége régulier contre le fort Haupstein et la lunette Iudensand, qu'avec la chance d'être vu à dos par l'assiégé.

Encore même, la configuration du terrain qui se termine brusquement par des escarpements, ne permettra-t-elle pas à l'assiégeant de bien envelopper le fort 50 et la lunette 51 dans ses parallèles, et de s'étendre soit sur sa gauche à cause des pentes qui dominent le Gartenfeld, soit sur sa droite, à cause du fort *Joseph* (48).—Mais s'il vient à bout du fort supérieur d'Haupstein, il est bien près d'être maître de Mayence, car la lunette 51 et le fort inférieur devront successivement tomber, et, pendant qu'il canonnera et bombardera la ville du haut du Haupstein, il pourra brusquer une attaque contre le Munsterthor.

Réflexions sur le système adopté pour les forts détachés de Mayence.

Nous ne nous sommes occupé jusqu'ici que de combinaisons purement statégiques. Il s'agissait de chercher le défaut de la cuirasse de cette nombreuse ceinture d'ouvrages qui couvrent les abords de Mayence. Passons maintenant à ces ouvrages eux-mêmes, et examinons un peu quelle est leur capacité de résistance. Nous nous occuperons essentiellement des forts détachés 39, 40, 41, 43, 46, 48, 55, 56, 57, 58, 59, 60, 61, 52, 54, 55, 62.

On peut les classer en deux catégories distinctes. Les forts polygonaux et les lunettes; les uns et les autres sont pourvus de réduits casematés de formes variées : ceux-ci ont la forme de tours simples, de fers à cheval ou de trèfles; ceux-là, celle de croissants. Quelques-uns des forts ont leur gorge fermée par un réduit demi-circulaire, d'un grand diamètre vers l'intérieur, et vers l'extérieur, par une autre tour demi-circulaire d'un moindre diamètre. Quelquefois, le réduit consiste en une caserne casematée, construite suivant l'axe de la capitale du fort ou perpendiculaire à cet axe. Enfin, le fort Weizenau a deux réduits de gorge tracés d'après la forme d'un compas dont les branches ouvertes seraient reliées vers le milieu de leur longueur par une portion demi-circulaire : l'un présentant l'ouverture des branches du compas vers l'intérieur du fort, l'autre vers l'extérieur. Ces réduits sont des casernes casematées à plusieurs étages, se réunissant sous un angle obtus, reliées par un mur destiné aux feux de mousqueterie, et dont le pourtour est flanqué par les ailes de la caserne.

Le siége de ces forts, quel que soit leur tracé, celui d'une lunette ou d'un polygone, se fera comme si on avait à faire celui d'une lunette ordinaire, jusqu'au moment où on couronnera leur chemin couvert; seulement, on aura soin de diriger, pendant toute la durée des travaux d'approche, le feu des batteries de l'attaque sur les maçonneries de la caponnière casematée du fossé, afin de détruire le flanquement des faces et du chemin couvert; sur celles du réduit de gorge et sur celles des escarpes. Que celles-ci soient demi-détachées ou terrassées et casematées comme à Germersheim, il n'en n'est pas moins aisé de ruiner ces maçonneries par le tir de but en blanc des batteries situées entre la deuxième et la troisième parallèle. Quant aux réduits casematés, quelle que soit la forme adoptée, ils souffriront toujours de loin du feu des batteries de l'assiégeant. L'étendue du but qu'ils présentent aux boulets et aux obus, le danger pour les servants résultant des éclats de pierres, ne permettent pas aux partisans de l'école allemande de s'inscrire en faux contre cette assertion. Nous pensons donc, en général, que les forts détachés de Mayence, pris isolément, ne résolvent pas le problème du maximum de résistance. Nous préférerions le tracé des forts de Cologne dont les faces et les flancs sont, en général, mieux flanqués.

Toutefois, il serait injuste de ne pas considérer aussi les forts détachés de Mayence dans leur ensemble, c'est-à-dire, par rapport à leur situation topographique respective. — Car, il est hors de doute qu'ils acquièrent une valeur de résistance beaucoup plus grande, dès qu'ils sont soutenus par d'autres ouvrages.

Ainsi, nous reconnaissons volontiers que les forts Hardeberg et Hartmühle ont été très-judicieusement placés; ils disent très-éloquemment à l'ennemi qui tenterait, en occupant le Hardeberg, d'arriver dans Mayence par la prise du fort de Haupstein : « Vous ne pouvez rien faire, si vous ne nous prenez pas. » — Ils sont la clef de la position. Mais nous ne nous rendons pas très-bien compte de la nécessité qu'il y avait à construire ces deux forts aussi près l'un de l'autre. Le fort 53 aurait pu être placé à la place du fort 52 qu'on aurait supprimé, et le fort 54 n'eût pas été masqué. Ces deux ouvrages n'en eussent pas moins obligé l'assiégeant à les attaquer et à les prendre, avant que de pouvoir songer à s'occuper du fort Haupstein. — Le fort 52 est un ouvrage insignifiant.

Difficultés inhérentes au plateau du Hardeberg, pris comme front d'attaque.

Nous avons indiqué le fort de Haupstein comme pouvant être la clef de la position de Mayence; et bien des raisons militent en faveur de notre opinion. Mais il faut néanmoins tenir compte des difficultés très-grandes que présenterait le choix de ce front pris comme front d'attaque. Ces difficultés tiennent, 1° à ce que la première parallèle, tracée même à 600 mètres des glacis des ouvrages les plus avancés du fort 50, ne peut pas les envelopper comme il serait avantageux qu'elle pût le faire à cause des escarpements qui dominent d'un côté la route de Zahlbach, et de l'autre le Wiesenfeld ; 2° à ce que les forts 60, 61, 53 et 54, ainsi que nous l'avons déjà démontré, doivent être attaqués et pris avant que l'assiégeant puisse ouvrir ses approches contre le fort d'Haupstein ; 3° à ce que le terrain est assez marécageux vers la base du promontoire que pousse le Hardeberg au-dessus du Bruch-Wiesen, ce qui nécessitera peut-être, pour assiéger les ouvrages 53 et 54, d'occuper le plateau situé de l'autre côté du ravin. 4° enfin, à ce que le bastion Alexandre a une grande action sur les abords du Haupstein.

Parti qu'on aurait dû tirer des îles du Rhin.

Quant aux autres forts détachés, tant ceux des îles du Rhin que ceux de la rive droite, 16, 17, 18, ils sont disposés de manière à former avec ceux de la rive gauche une chaîne bien liée, nous aimons à le reconnaître, mais il nous est impossible de ne pas reconnaître aussi que ces ouvrages sont, en général, trop morcelés et d'une capacité de résistance individuelle trop faible de beaucoup. — Par exemple, au lieu de trois ouvrages portant les numéros 20 dans Ingelheimer Aue, et des trois autres portant le numéro 19 dans Peter's Aue, si on eût construit dans chaque île un fort avec escarpes et contrescarpes revêtues, fossés à l'eau, chemin couvert, et un réduit central pourvu de casemates débouchant dans les parapets pour protéger les embrasures et les murailles, n'est-il pas probable qu'on aurait donné un bien plus grand appui au fort 18 et à la lunette 9, au glacis de laquelle il se relie par la ligne à crémaillère dont la gorge regarde le fleuve? — Les ouvrages 19 se masquent et ne se flanquent pas. Une fois les ouvrages 20 réduits au silence, si le premier des n°s 19 est pris, même en laissant subsister la redoute, le fort 18 sera bien exposé, car il sera vu à revers et le bras droit du Rhin est fort étroit dans cette partie de son cours. — En conséquence, bien que nous reconnaissions volontiers que le côté nord de Mayence a moins de chance qu'un autre d'être attaqué, cependant, il peut l'être, et dans ce cas, l'ennemi approcherait rapidement des fronts 3-4 de la tête de pont.

Conclusions. L'examen des fortifications de Mayence nous amène à conclure que le nombre prodigieux d'ouvrages qui ont été construits de toute pièce ou remaniés, pour couvrir cette place importante, fait un peu la critique de leur qualité. Si nous exceptons le fort Weizenau, les forts Heiligenkreutz, Hartmühl et Hardeberg, qui présentent des conditions individuelles de résistance assez caractéristiques, les autres forts détachés en sont en général dépourvus. Quel obstacle sérieux peuvent opposer à un ennemi habile les tours Bretzenheimer, Kirckhof et bien d'autres? Il nous semble que, sans rien changer aux dispositions stratégiques très-judicieuses qui ont guidé les ingénieurs allemands dans le choix des points à fortifier, par des forts détachés autour de l'enceinte, il y aurait eu moyen de moins disséminer les ouvrages, et d'en réduire le nombre en leur donnant à chacun plus d'importance. Si trois ou quatre forts bastionnés à maçonneries bien couvertes et bien défilées, et pourvus de bons réduits de gorge, avaient été espacés à 1 kilomètre de distance les uns des autres, de manière à s'appuyer et à se flanquer mutuellement, ils auraient certainement mieux couvert tout le front ouest des attaques de Mayence, que les huit ouvrages morcelés qui s'y voient aujourd'hui. Il est vrai qu'il aurait fallu, pour cela, renoncer aux forts à escarpes détachées et à réduits casematés, à la guerre de chicane, aux glacis à contrepente et rentrer dans le tracé bastionné corrigé, tel qu'on l'emploie en France aujourd'hui, et c'est là précisément ce que les Allemands n'ont pas voulu faire.

ULM.

Le Danube, sorti des montagnes de la Forêt-Noire, coule, comme on sait, de Donaueschingen, où est sa principale source, dans la vallée des Alpes de Souabe, se dirigeant de l'ouest à l'est sur Ulm, Donauwert, Ingolstadt et Ratisbonne; à deux kilomètres d'Ulm, vers l'ouest, il reçoit la rivière de l'Iller, descendue des montagnes du Tyrol, et plus en amont de son cours, quelques autres rivières torrentielles, telles que celle de Riess qui descend des hauteurs qui bornent Waldsee vers le nord. En outre, la petite rivière de Blau, sortie des Alpes de la Souabe, va se jeter dans le Danube presque en face de l'île qui fait face à la ville après l'avoir traversée de l'ouest à l'est. Le thalweg du fleuve forme la frontière entre le Wurtemberg et la Bavière. Du côté du Wurtemberg et à 1,000 mètres environ de la cathédrale, prise comme point de repère, le ter-

Coup d'œil général sur la position stratégique de la ville d'Ulm.

rain s'élève en pente jusqu'au sommet du Michelsberg qui domine le niveau du Danube d'environ 100 mètres. Du côté de la Bavière, au contraire, le terrain est plat et marécageux. Plusieurs routes se dirigent sur Ulm, celle de Shaffhouse, celle de Stuttgard et celle de Munich.

A l'époque de la fameuse capitulation d'Ulm (en octobre 1805) (1), la ville ne possédait qu'une enceinte bastionnée avec des fossés à eau, et un chemin couvert sans ouvrages détachés, sauf une demi-lune placée entre le bastion 4 et le bastion 5 (en supposant qu'on commence à compter les bastions de la gauche à la droite, en regardant le nord). Sur les principaux mamelons du Michelsberg, on avait construit deux ouvrages, ainsi que sur les hauteurs que traverse la route d'Ulm à Albeck, lesquelles hauteurs sont distantes du Michelsberg d'environ deux kilomètres. — Les Autrichiens étaient campés sur cette colline au nombre de 60 mille, et l'avaient fortifiée par de simples redoutes, ainsi que le Frauenberg, qui en est très-voisin. Il est plus que probable, qu'après l'action du 15 octobre, dans laquelle ces deux hauteurs furent enlevées par les maré-

(1) Voyez le plan de la ville d'Ulm et de ses environs, Thiers, *Histoire du Consulat et de l'Empire, atlas.*

chaux Ney et Lannes, si le général Mack n'avait pas capitulé, la ville d'Ulm eût été prise d'assaut. C'est donc le Michelsberg qui est la clef de la position, et on comprendra, dès lors, que les ingénieurs allemands aient fait de grands sacrifices pour enfermer le Michelsberg et les hauteurs avoisinantes dans le vaste plan de leur système de défense.

Peut-être s'étonnera-t-on de ce que, tandis que, plus près de Vienne, la ville de Lintz, reste livrée à l'insuffisante protection des tours Maximiliennes, le Gouvernement autrichien ait insisté pour faire exécuter à Ulm des travaux de défense aussi considérables. Mais, si l'on réfléchit un moment, on trouvera l'explication de cette contradiction apparente. En effet, quand en août 1805, l'empereur Napoléon, par une de ces habiles combinaisons, ordinaires à son génie, réussit en 20 jours, sans livrer une seule bataille, à disperser une armée de 80 mille hommes, c'est, qu'en passant le Danube au-dessous d'Ulm, il était parvenu à se placer derrière les Autrichiens, à les couper de leurs communications avec le bas Danube, et que la ville n'offrant pas alors de grandes ressources de défense, il espérait, ou les attirer en dehors et les forcer à une action décisive, ou emporter la ville d'assaut, et les prendre avant que les Russes ne pussent arriver à leur secours. — Eclairé par l'histoire du passé, les gouvernements autrichiens et bavarois ont compris qu'Ulm était une position stratégique d'une importance telle pour leurs Etats, qu'ils ne devaient rien négliger pour en faire une citadelle de première classe, et surtout un camp retranché, où 100 mille hommes pourraient s'enfermer en cas d'invasion, manœuvrer sur le haut et sur le bas Danube, et fermer les défilés de la Forêt-Noire et les débouchés de la Suisse et de l'Alsace à une armée Française, marchant sur Vienne ou sur Munich.

Topographie des environs d'Ulm.

Supposons le spectateur placé au sommet du Michelsberg et promenant ses regards à 10 kilomètres à la ronde, il verra une route se diriger d'Ulm vers le nord, celle de Nordlingen, une vers le midi, c'est celle de Lindau, deux vers l'est, ce sont celles d'Augsbourg et d'Ingolstadt, et enfin une vers l'ouest, celle de Stuttgard et de Strasbourg. — Entre l'Iller et la route d'Augsbourg, le terrain est fort marécageux, et traversé du sud au nord par de nombreux cours d'eau qui vont se jeter dans le Danube entre Ulm et Leipheim.

Sur la rive gauche du Danube, et à un kilomètre de la ville, en amont du fleuve, commence un mouvement de terrain qui va s'élevant de plus en plus jusqu'à Grimmellingen. Ce plateau va en s'abaissant vers Söfflingen, et de l'autre côté du cours de la Blau, sur sa rive gauche, se dressent les hauteurs de l'Eselsberg, du Michelsberg et du Frauenberg, qui dominent, tantôt de près, tantôt de loin, le cours du Danube jusques à environ dix kilomètres de la ville. Enfin, entre Unter-Thalfingen et Leipheim, le Danube coule presque constamment entre des marécages et des buissons.

Énumération des travaux de défense.

Après ce court exposé de la topographie des environs d'Ulm, nous allons entrer dans la description des travaux de défense qui ont été entrepris par la Confédération germanique, pour faire de cette ville une forteresse et un camp retranché pour une nombreuse armée.

Disons d'abord en quoi ils consistent :

Ces travaux se composent de trois sortes d'ouvrages de fortification, 1° une enceinte continue sur la rive gauche du Danube; 2° des forts détachés; 3° une grande tête de pont sur la rive droite.

Les forts détachés sont au nombre de dix-huit, dont six sur la rive droite et douze sur la rive gauche; mais, de ces derniers, il n'y en a que cinq d'achevés, ou, tout au moins, dont les travaux soient assez avancés pour qu'il soit possible, même à un ingénieur militaire, soit d'en donner l'esquisse, soit d'en faire la description abrégée.

La tête de pont est une enceinte polygonale à quatre fronts.

L'enceinte continue consiste, dans la partie ouest, en une escarpe à demi détachée sans fossé, coupée en crémaillères le long des pentes du Michelsberg, jusqu'au point où elle rencontre le cours d'eau descendu de la vallée de l'Eselsberg. Ce cours d'eau forme ensuite une sorte de fossé devant l'escarpe qui traverse la plaine arrosée par la Blau, et revient ensuite s'appuyer au Danube dans la partie est; l'escarpe est également à demi détachée, mais elle forme quatre fronts polygonaux rectilignes avec caponnières sur les angles, fossés et contrescarpes revêtus, et se termine par une partie demi-circulaire qui va s'appuyer au Danube.

Le terrain du côté de la campagne a été soumis à des travaux de nivellement considérables, de manière à former un glacis assez régulier. — Le terrain en avant de la portion ouest de l'enceinte est au contraire fort accidenté, et soumis à deux principaux plans de pentes, l'un qui descend des hauteurs du Michelsberg, l'autre qui s'incline vers Söfflingen en pente douce. Pourquoi les ingénieurs allemands n'ont-ils pas jugé à propos de faire précéder ici l'escarpe d'un fossé et d'une contrescarpe : c'est ce qu'il est assez difficile d'expliquer. Le feront-ils plus tard? ou bien ont-ils pensé que les ouvrages détachés U, T, W, et les grands forts de l'Oberer et de l'Unterer-Kuhberg, battaient suffisamment le terrain en avant de l'enceinte pour empêcher l'ennemi de s'en approcher assez pour l'ouvrir avec le canon, et qu'entre Söfflingen et Blumenscheim, le terrain était trop marécageux pour y creuser des tranchées, c'est ce qu'il est difficile de décider, vu le point où en sont encore les travaux de défense, et le mystère dont s'entourent les ingénieurs allemands.—Entrons maintenant dans la description détaillée de chacun de ces ouvrages.

La tête de pont est, comme nous l'avons dit, une couronne polygonale à quatre côtés, de 500^{m} en moyenne chacun (Voyez *fig.* 1, *pl.* II). Les trois angles saillants du polygone sont occupés par des batteries casematées à l'épreuve de la bombe, dont le toit est recouvert en terre. L'escarpe est à demi détachée et crénelée pour la fusillade : en arrière de ce mur, qui a de 90 centimètres à 1 mètre d'épaisseur au sommet, et dont la crête est recouverte d'une chape en tuiles, règne un chemin de ronde de 1^{m},80 de largeur— sur le milieu des côtés de 500 mètres, la courtine forme deux angles droits retirés, destinés à flanquer la caponnière centrale qui s'élève sur le milieu du côté extérieur. Les ingénieurs alle- Rive droite. — Tête de pont.

mands ont adopté, sur le milieu de la courtine et devant les angles retirés, une disposition que nous avons déjà remarquée à Rastadt, au fort Léopold, et dont le but est de se donner deux étages de feux et de présenter à l'ennemi deux enceintes à forcer, s'il dirigeait ses attaques sur le saillant de la caponnière casematée. Le pied de l'escarpe à demi détachée est séparé par un corridor de 20 mètres de largeur, d'un second mur crénelé à la Carnot, formant une escarpe entièrement détachée qui entoure les angles retirés et vient s'appuyer à la gorge de la caponnière. Cette pièce importante du tracé polygonal diffère de celles de Coblentz, de Germersheim et de Rastadt : elle n'est pas à ciel ouvert avec une cour intérieure centrale, à deux étages de feux, et détachée du corps de place comme celles de Coblentz ; elle n'a pas d'angle saillant avec deux flancs s'écartant toujours plus de l'axe, et deux petits murs qui la relient à l'escarpe, comme à Germersheim ; enfin, elle n'est pas en saillie sur le côté extérieur du polygone, comme on le voit au fort Léopold de Rastadt. Les caponnières de la tête de pont d'Ulm sont à flancs parallèles et à saillant arrondi ; elles ont 40 mètres de longueur en capitale, et 20 mètres de largeur. Le toit, supporté par des voûtes à l'épreuve de la bombe, est recouvert d'une couche de terre de 1 mètre d'épaisseur. Le mur de flanc est percé de quatre ou cinq embrasures pour le canon, et la partie arrondie est crénelée pour la mousqueterie. A droite et à gauche de ces murs de flancs, l'escarpe détachée, qui continue le mur de gorge de la caponnière, est aussi percée d'embrasures pour l'artillerie : mais sur les deux côtés de l'angle retiré, elle est crénelée seulement pour la mousqueterie.

La contrescarpe est arrondie devant le saillant de la caponnière, qui n'en est séparé que par un fossé de 15 mètres de largeur. Si, de la caponnière, on pénétrait dans la galerie de contrescarpe au moyen d'un passage situé au-dessous du niveau du fossé, ce serait une disposition très-semblable à celle qu'on a adoptée pour les réduits des forts de Lyon (1).

Le chemin couvert qui enveloppe l'enceinte polygonale a 10 mètres de largeur devant les saillants, et 35 mètres en capitale des places d'armes saillantes, qui sont placées sur l'axe des caponnières. Comme les travaux de cette grande tête de pont ne sont pas encore terminés, on ignore si les talus de la contrescarpe non revêtue

---

(1) *Voyez* l'*Essai sur la Fortification moderne*, pl. IX, chez Dumaine, libraire militaire. Paris, 1845.

seront assez adoucis pour en faire des glacis à contre-pentes,ou si des rampes seront pratiquées dans le talus de manière à faciliter à la garnison l'accès du chemin couvert. Deux blockhaus quadrilatéraux en palanques de 8 mètres sur 8, recouverts de 1 mètre de terre, flanquant les débouchés du chemin couvert et se flanquant mutuellement, occupent les deux angles intérieurs du bonnet de prêtre formé par la place d'armes.

Un chemin stratégique et qui réunit la route de Memmingen à celle d'Offenhausen, entoure le pied des glacis à 170 mètres environ de la crête du chemin couvert, et pénètre dans l'intérieur de l'ouvrage au moyen d'un pont jeté sur le fossé des deux côtés extrêmes de la couronne polygonale.

Rive droite. — Forts détachés. — Fort A.

Il existe six forts détachés sur la rive droite pour éclairer les abords de la tête de pont.

La meilleure définition générale que nous puissions donner du tracé de ces forts, c'est qu'ils ont la forme de lunettes avec ou sans flancs, pourvues de masques casematés en saillie sur l'escarpe des faces ou des flancs pour battre les fossés des faces et des flancs. Les escarpes y sont à demi détachées et les glacis à contre-pente vers les saillants. — Nous commencerons par le fort A.

C'est une lunette sans flancs. Les faces ont 100 mètres, et la crête de l'escarpe à demi détachée est soumise de 1^{m},50 seulement à la crête intérieure du parapet, considérée comme étant à la cote 0. — Le chemin de ronde qui règne au pied du mur crénelé est à la cote 4, le fond du fossé à la cote 9^{m},50, la crête du glacis à contrepente à la cote 7. — Le terre-plein de l'intérieur du fort est occupé à la gorge par un réduit casematé en forme de fer à cheval d'un rayon de 30 mètre environ, auquel se rattache le mur crénelé de la gorge qui continue celui de l'escarpe.

En capitale et aux deux extrémités des faces de la lunette, on a élevé des batteries casematées qui font corps avec le parapet. Ces masques casematés, construits aux extrémités des faces, ont environ 10 mètres sur 12.

Ils sont percés pour une batterie de deux pièces qui flanquent les faces, et le fossé de gorge est battu à son tour par les feux du réduit en fer à cheval qui est en saillie sur ce fossé. — La contrescarpe est revêtue, et on pénètre dans le fort par un pont jeté à l'extrémité de la route militaire qui conduit au fort A.

Ce fort, considéré en lui-même, n'est pas dépourvu de qualités défensives assez importantes, mais il pèche, comme tous les forts de Cologne et de Mayence, par le défaut de n'être point protégé par des masses couvrantes en terre, qui mettent ses maçonneries à l'abri du canon des premières batteries de l'assaillant. Non-seulement donc, on abordera cet ouvrage sans plus de précaution qu'une lunette ordinaire, mais en outre, parvenu à 300 mètres de la crête des glacis contre-pentés, l'assiégeant pourra diriger contre les masques casematés un tir à ricochet, qui ruinera leurs maçonneries et par conséquent les défenses des fossés des faces : il n'aura à se précautionner que contre le tir de la batterie du saillant, car les feux des masques sont situés à un niveau trop bas pour gêner en rien ses cheminements jusqu'au couronnement du glacis contre-penté. La gabionnade se posera donc aisément et on élèvera sans grandes difficultés la batterie de brèche et la contre-batterie; sinon, dans le cas où l'assiégeant craindrait de déboucher dans l'ouvrage par une seule brèche et sous le feu du réduit en fer à cheval, il pourra brusquer l'attaque contre les masques à demi ruinés, s'en emparer de vive force et pénétrer dans l'ouvrage par les galeries souterraines. Les contre-pentes du glacis le serviront à souhait pour ces attaques de vive force. Voilà les principales conséquences que nous tirons du tracé même de l'ouvrage. Quant à sa position topographique, nous ne saurions comprendre comment on a placé le fort A, si loin du fort Z (rive gauche) et des feux de l'enceinte continue L : il est jeté trop en avant, et il ne bouche pas suffisamment la trouée qui existe entre le Danube et le fort B qui aurait pu l'appuyer plus énergiquement si on l'en eût un peu approché, tandis qu'il en est distant de 1,200 mètres.

En résumé, nous concevrions fort bien le tracé du fort A dans un terrain très-accidenté, et dans le cas où on n'aurait à redouter contre lui que des attaques irrégulières, mais en plaine, et comme ouvrage avancé d'une place dont on n'approchera jamais qu'avec une armée nombreuse et une puissante artillerie, il nous paraît d'un genre assez mal approprié à sa destination.

Fort B.

Le fort B est une lunette, proprement dite, qui a des faces et des flancs de 80 mètres. Aux angles de gorge et d'épaules, l'escarpe se prolonge de manière à barrer le fossé de flanc et de faces par des masques casematés, qui le balayent par des feux rasants d'artillerie. La gorge est fermée par un mur crénelé, dessiné en demi-cercle et terminé aux deux extrémités par des batteries casematées qui se croisent sur la route militaire conduisant au pont-levis.

Du reste, c'est à peu près le même tracé que celui du fort A. L'escarpe est à demi détachée; les glacis sont contre-pentés devant les deux faces. La contrescarpe n'est revêtue qu'à la gorge de l'ouvrage. Situé à 1,200 mètres du fort A, et à 830 mètres environ du fort C, cet ouvrage a pour destination apparente de flanquer celui-ci et de croiser ses feux avec ceux du premier sur la route du Günzbourg. On l'a construit au débouché du terrain plat et marécageux qui occupe l'intervalle entre la route de Günzbourg et celle de Memmingen, et sa gorge est située à 1,250 mètres de la crête du glacis de la place d'armes saillantes de la tête du pont H. Il est probable que les ingénieurs allemands ont voulu, en l'orientant ainsi, abriter sa face gauche et son flanc gauche contre les attaques de l'ennemi.

Fort C. (Voyez *planche* II, *fig*. 5). Le fort C se rapproche davantage, dans son tracé, du fort A que du fort B. C'est une lunette sans flancs. — Le masque casematé, construit à angle droit sur les faces de manière à flanquer leur fossé, est percé de deux embrasures qui regardent le fossé, et d'une qui regarde la campagne. Les casemates du masque se prolongent ensuite le long de la face sur une étendue de 8 mètres; elles sont percées également de deux embrasures donnant des feux sur la campagne, et d'une qui balaye le chemin de rondes qui règne derrière le mur crénelé de l'escarpe à demi détachée.

Le saillant est occupé par une batterie casematée de quatre pièces, dont deux sur la face droite, deux sur la face gauche, terminée par un mur crénelé arrondi,qui est percé pour la mousqueterie.

La gorge est fermée par un mur crénelé de 10 mètres environ de hauteur; deux orillons casematés en saillie sur l'angle obtus que fait la ligne de gorge, la flanquent de leurs feux et balayent le pont-levis par lequel on pénètre dans l'intérieur de l'ouvrage.

Ces trois forts ne sont que la reproduction des précédents, sauf quelques variantes dans le tracé du réduit de la gorge. Nous ne nous arrêterons donc pas à leur tracé, mais seulement à leur position topographique et à leurs avantages stratégiques. — Le premier a évidemment pour but de couper les routes de Memmingen et les autres chemins qui se dirigent vers le Danube. Forts D, E, F.

Les deux autres E et F, qu'on pourrait appeler forts *Jumeaux*, surveillent le cours du *Warmes Wasser*, probablement dans le but de pouvoir, dans l'occasion, barrer son cours et tendre une inondation en amont dans la plaine.

Rive gauche — Forts détachés.

Le chemin de fer de Constance côtoie le Danube au pied des escarpements assez abruptes sur le sommet desquels est assis le fort d'Unterer-Kuhberg. On l'a orienté de manière à prendre des revers sur les attaques de la tête de pont, et sur celles de l'Oberer-Kuhberg qui occupe la position culminante des environs d'Ulm vers le haut Danube.

Unterer et Oberer-Kuhberg (*Pl.* II, *fig.* 4 et 6).

Le premier est une grande lunette dont les faces et les flancs ont environ 180 mètres, et dont la gorge en a 530.—Pour mieux découvrir un pli de terrain assez accentué, et le fond d'un ravin qui occupe l'intervalle entre les deux forts appelés Kuhberg supérieur et Kuhberg inférieur, on a accolé au flanc gauche de celui dont nous parlons, une redoute quadrilatérale dont les deux faces ont 100 mètres, et les deux brisures de la gorge, environ 80 mètres ; le pan coupé, situé à l'ouest, est occupé par une tour casematée qui bat le chemin de communication entre les deux forts et flanque le fossé de face gauche.

Le tracé du fort est polygonal : l'escarpe est à demi détachée ; elle a environ 8^{m},50 sur les faces et sur les flancs, et 10 mètres à la gorge. Elle consiste en un mur crénelé pour la mousqueterie qui se raccorde au saillant avec une batterie casematée, destinée à fournir des feux en capitale, et à canonner le chemin de ronde si l'ennemi venait à y pénétrer. — Aux deux angles d'épaules, des caponnières arrondies au saillant et à faces parallèles comme celles de la tête de pont flanquent les faces.

On en établira également deux sur les deux lignes brisées de la gorge qui battront le fossé de la gorge, et dont l'étage supérieur aura des vues sur la place d'armes et sur la crête du glacis de cette même gorge. — Enfin, aux deux angles aigus de la gorge, on a construit des batteries casematées pour battre le chemin de ronde et fournir des feux sur la campagne. La possession de l'Unterer-Kuhberg dépend, selon nous, pour l'assiégeant, de celle de l'Oberer-Kuhberg. Evidemment, c'est sur le plateau situé à l'ouest de ce fort que l'ennemi devrait ouvrir la tranchée contre lui. Son siége se ferait comme celui de toutes les escarpes polygonales flanquées par des caponnières casematées ; c'est-à-dire, qu'on canonnerait leurs murailles par des coups plongeants tirés de batteries situées à 600 mètres de distance, comme si elles se présentaient à découvert, et il est impossible de nier que ces maçonneries, percées déjà de tant d'ouvertures et frappées par une grêle de gros projectiles, ne finissent par s'écrouler avant même que l'ennemi ne soit parvenu à couronner les glacis du front d'attaque, époque à laquelle il ne trouvera plus devant lui qu'une escarpe à demi détachée de 7 mètres de hauteur. — C'est toujours le même défaut que nous avons déjà si souvent signalé.

Forts W, T, U, V, X, Y, Z.

Les forts de la rive gauche, désignés par les lettres **W**, **T**, **U**, **V**, **X**, **Y**, **Z**, n'étant encore qu'ébauchés, il est impossible d'en donner la description, mais il est probable qu'ils se rapprocheront beaucoup du tracé adopté pour le fort **M**, qui n'est lui-même qu'une copie de l'Unterer-Kuhberg, dont nous venons de parler en détail, ou du fort circulaire **N**, dont nous allons dire quelques mots.

Fort N.

La tour que nous avons désignée sous le nom de *fort N* n'est point une tour du genre de celles dites Maximiliennes; elle se rapproche beaucoup plus des tours à la Montalembert, sauf que la terrasse supérieure ne porte pas d'artillerie, ni même de parapets pour la mousqueterie : le toit en est recouvert de 1 mètre de terre; aux extrémités des deux diamètres, on a construit des orillons circulaires qui battent le fossé, et la tour porte trois étages de feux ; l'étage inférieur est percé de créneaux pour la mousqueterie, l'étage au-dessus d'embrasures pour balayer avec le canon la crête du glacis, et l'étage supérieur dirige des feux d'artillerie divergents sur le plateau qui entoure l'angle ouest du grand fort M'. En outre, le fort N enfile sa caponnière qui sert de communication entre les forts M et M'.

Son importance individuelle est médiocre ; prise isolément, la tour N ne présente pas plus de difficulté à un assiégeant pourvu d'une bonne artillerie, que n'en présentent les tours à la Montalembert en général : mais elle sert d'anneau à la chaîne des défenses du Michelsberg,— et sous ce rapport là, sa position sur le flanc de la double caponnière est assez logiquement combinée.

Forts M, M'.

Le fort M est, pour le tracé, ainsi que nous l'avons déjà dit, une reproduction du fort dit Unterer-Kuhberg. C'est celui des ouvrages d'Ulm qui est placé le plus en saillie sur le cercle qu'ils forment autour de l'enceinte est-nord-ouest, qui commence au fort T pour finir au fort Z.

Le fort M' est situé à 400 mètres en arrière de la gorge de la lunette M ; une double caponnière, dont la direction est brisée, les met en communication l'un avec l'autre. C'est une grande place d'armes pentagonale, dont les faces ont 340 mètres, le flanc droit 470 mètres, et le flanc gauche 550 mètres de longueur. La contrescarpe est revêtue ; celle du côté de l'ouest ne l'est pas. Les fossés des flancs descendent en pente douce vers l'enceinte continue, dont les branches vont se raccorder à la grande caserne casematée qui ferme la gorge ; deux tours casematées, placées aux trois angles saillants du pentagone, balayent les fossés, et la caserne de la gorge les flanque aussi par deux orillons en saillie sur le fossé. L'intérieur du terre-plein M' est destiné à contenir des casernes, des poudrières et autres bâtiments casematés à l'épreuve de la bombe.

Enceinte continue, branche gauche.

La branche gauche se compose de trois lignes à crémaillère (*Voyez* coupe *gh*, *pl.* II, *fig.* 3), puis d'une ligne concave sur laquelle on a placé une sorte de bastion en saillie ; et, enfin, de deux fronts brisés, aux saillants desquels s'élèvent des tours casematées. L'escarpe est à demi détachée, et crénelée sur toute la longueur de cette branche : mais on n'y voit encore ni fossé, ni contrescarpe, excepté devant les points où l'escarpe est ouverte pour livrer passage aux routes de Blaubeuren, d'Ehingen et de Söfflingen.

La branche droite se compose de cinq fronts, dont quatre rectilignes et un demi-circulaire, les quatre premiers ont des longueurs de 460, 580, 650 et 230 mètres. Le dernier a un développement d'environ 320 mètres. — Aux angles saillants, on a placé des caponnières casematées qui flanquent les fossés (Voy. *pl.* II, *fig.* 2, coupe *JK*). Ces fossés ont des contrescarpes revêtues avec chemin couvert et des glacis nivelés avec soin. Branche droite.

Toute cette branche de l'enceinte est passablement défilée des hauteurs environnantes, elle est, sans contredit, plus forte que la branche gauche, mais il serait difficile de croire, ainsi que nous l'avons déjà remarqué, que les ingénieurs allemands n'achèveront pas les travaux de nivellement nécessaires pour isoler l'escarpe devant cette branche gauche, comme ils l'ont fait pour l'autre.

Si, après avoir examiné le tracé des ouvrages adopté pour la ville d'Ulm, on jette les yeux sur le plan de la citadelle de Rastadt (1), on y re- Discussion sur l'ensemble du système de fortification adopté pour Ulm.

---

(1) ***Études sur la Fortification permanente*.** 1. Plan et description de la citadelle fédérale de Rastadt, avec un atlas de 3 planches; par le baron Maurice de Sellon, capitaine du génie dans l'état-major de la Confédération suisse. Paris, 1850, chez Corréard, rue Christine, 1.

connaîtra de notables différences. — Il est vrai que le but des ingénieurs allemands ne pouvait pas être le même. Ulm devait pouvoir servir de point d'appui à une armée de 100 mille hommes. Son sort dépendait de la possession de hauteurs dominantes fort rapprochées, il fallait pouvoir combiner la construction de forts détachés sur des points stratégiques avec des lignes fortifiées, pouvant servir à livrer une bataille défensive.— Rastadt devait être une place également forte sur tous les points, et capable de lutter avec les seules ressources de sa garnison contre un siége en règle. — Nous ne retrouvons pas, dans le tracé d'Ulm, l'indépendance des ouvrages fortifiés les uns d'avec les autres, que nous avions signalée dans le tracé du Rastadt. Dans cette dernière place, la prise du Mittlerer-Anschluss ne rendrait pas l'assiégeant maître du fort C, et la prise du fort C ne lui donnerait pas l'entrée du fort Léopold. En outre, à l'exception du fort A et du fort B, qui appartiennent exclusivement au tracé polygonal, les trois enceintes et le fort C lui-même relèvent d'un tracé bastionné modifié. Il n'existe rien de pareil à Ulm.

Nous ne parlerons pas de Mayence, dont l'enceinte continue est fort ancienne, ainsi que nous l'avons fait remarquer. Les ingénieurs allemands ont-ils eu raison d'appliquer aux fortifications d'Ulm le tracé polygonal *exclusivement?* c'est ce qu'il nous reste à examiner.

Parlons d'abord de l'enceinte continue. Le but de cette enceinte a été, évidemment, de relier le plateau culminant du Michelsberg, à la possession d'un passage sur le Danube. Nous ne saurions critiquer le tracé polygonal appliqué à un terrain aussi accidenté, et contre lequel l'emploi du ricochet sera difficile, tant que l'ennemi ne se sera pas rendu maître des plateaux occupés par les forts détachés de la rive gauche.

Les forts détachés, désignés par les lettres V, U, Z et Y, ne sont point achevés encore, mais il est probable qu'ils participeront en quelque manière du tracé du fort M et des deux Kuhberg. Sur les hauteurs où ils seront placés, nous ne désapprouvons pas l'emploi des escarpes à angle obtus et le flanquement par des caponnières casematées, parce qu'en terrain accidenté, il importe de pouvoir raccourcir, autant qu'on le veut, les lignes de la fortification, mais il n'en est pas de même pour les deux forts du Kuhberg. Nous estimons que les caponnières des fossés pourront être détruites par les coups éloignés de l'assaillant, et, par cela même, leur capacité de résistance fort diminuée. — Quant aux forts détachés de la tête de pont, nous pensons qu'ils devraient être classés plutôt dans la catégorie de *réduits de forts*, que dans celle de *forts* pouvant se suffire à eux-mêmes. Comparons le système de défense adopté pour la tête de pont du Danube avec les fortifications de la rive gauche du Rhône, construites à Lyon (1). La comparaison est faisable, car le terrain a de l'analogie, et les hauteurs de la Croix-Rousse et de Fourvières représentent assez bien (quoique plus rapprochées de la ville), les hauteurs de l'Eselsberg et du Michelsberg. L'enceinte de forts détachés qui commence à la redoute du haut Rhône, et finit au fort de la Vitriolerie, a environ six kilomètres de développement : elle est composée de dix ouvrages, dont les principaux, à front bastionné, ont des côtés extérieurs de 200 à 270 mètres, et des réduits intérieurs d'un tracé qui se rapproche du tracé polygonal à flanquement central : en outre, ils sont reliés les uns aux autres par une courtine terrassée, mais surtout leurs rayons de feux sont si rapprochés, qu'il serait difficile, pour ne pas dire impossible, de chercher à faire une trouée entre ces forts, sans en attaquer deux à la fois. — Il n'en est pas de même pour la tête de pont du Danube. Si l'assié-

(1) *Voyez l'Essai sur la Fortification moderne*. Paris, chez Dumaine, 1845.

geant entreprend l'attaque du fort A, ce fort est bien isolé, il ne peut être soutenu que par les feux éloignés du fort Z et ceux d'un seul flanc de la lunette B. Ce fort une fois pris, il n'est pas probable que le canon de la portion circulaire L de l'enceinte continue empêche l'assaillant de passer dans la trouée qui existe entre le Danube et la gorge du fort B, et d'ouvrir la tranchée contre le fort I de la tête de pont, sans s'inquiéter des forts C, D, E, F, autrement que pour contenir leurs sorties et leurs manœuvres offensives contre ses travaux d'attaque.

Malgré les critiques que nous venons de nous permettre contre l'orientation, la position relative et le tracé des forts détachés des deux rives du Danube, nous sommes loin d'en conclure que les défenses d'Ulm soient mal combinées, et il ne faudrait pas inférer de ce que nous venons de dire, que le salut de la ville dépend de la prise de la tête de pont du Danube, ni même de celle des forts inférieurs de la rive gauche... Non, certes ; le sort de la ville d'Ulm est dans la possession du Michelsberg. — Il est probable même que, si Ulm est jamais exposé aux chances d'un siége, ce sera le fort M, et, après lui, le grand fort M' du plateau en arrière qui seront les premiers attaqués : car, une fois maître de ces deux points, les défenses de l'enceinte doivent tomber; de même, que la tête de pont, les deux Kuhberg et les forts isolés des plateaux de l'Eselsberg et du Frauenberg, qui ne prendraient pas de revers sur les attaques de l'assaillant.

Les ingénieurs allemands ont fait pour fortifier Ulm des dépenses considérables, soit à cause de l'étendue qu'ils ont donnée à leurs travaux, soit à cause de la difficulté même de la tâche qu'ils avaient entreprise, le terrain étant fort accidenté et fort peu propre aux constructions de maçonnerie. Il n'y a, d'ailleurs, que des éloges à donner à l'élégance et au fini de ces constructions, qui unissent une certaine décoration architecturale à une apparence de grande solidité (1).

Si nous étions appelé à résumer en peu de mots notre opinion sur la valeur défensive de la ville d'Ulm, nous dirions que cette valeur nous paraît très-grande comme camp retranché pour une nombreuse armée, destinée à manœuvrer en prenant Ulm pour base de ses opérations,

(1) Du côté de la Bavière, on a employé une brique violette et un calcaire assez analogue à la pierre meulière de Paris. Les murs crénelés et les chaînes d'angle des escarpes sont en maçonnerie taillée en panneaux polygonaux.

défensives ou offensives; mais que, considérée uniquement comme tête de pont sur le Danube, et obstacle à franchir pour une armée qui marcherait de l'est à l'ouest, ou de l'ouest à l'est sans s'y arrêter, le système qui a présidé au tracé des forts détachés de la rive droite et de quelques-uns de ceux de la rive gauche, continue à nous paraître défectueux, impropre à une résistance prolongée et antilogique, quand on réfléchit aux progrès journaliers que font la balistique et la fabrication des armes à feu de tous les calibres.

APPENDICE.

Nous avons inséré, dans le n° 10 du *Journal des Armes spéciales* (octobre 1851), un article critique rédigé par des ingénieurs allemands, à l'occasion de l'*Étude sur la citadelle fédérale de Rastadt*, publiée par M. Corréard, en 1850, ainsi que la réponse que nous crûmes alors devoir faire à cet article. Il nous a paru très-opportun de reproduire ici ce morceau :

Feuille centrale littéraire de l'Allemagne.

Dr ZARNEKE, éditeur,
18 juin 1851, n° 26 (*Leipsick*).

Les trois mémoires contenus dans les deux livres que nous annonçons (1), seront connus déjà

---

(1) Etudes de fortification permanente :
I. Plan et description de la citadelle fédérale de Rastadt d'a-

à une partie de nos Lecteurs, comme ayant été insérés dans le *Journal des Armes spéciales*. L'un d'eux renferme le plan et la description de la citadelle fédérale de Rastadt, accompagné d'un projet d'attaque simulée contre le fort Léopold. — Le second contient un examen de deux tracés polygonaux, dont l'un a été inséré dans le cahier relatif au service des pionniers du huitième corps d'armée de la Confédération germanique, et l'autre, produit du travail d'un officier du génie prussien, a été traduit par le capitaine du génie Parmentier, et publié aussi dans le *Journal des Armes spéciales*. Ces trois mémoires sont tous dignes d'une étude approfondie de la part des ingénieurs militaires, ils inspireront de l'intérêt à ceux qui ne sont pas encore familiarisés avec les vues de l'auteur : et qui ne tarderont pas à reconnaître en lui un intrépide (1) défenseur du système bastionné. »

---

près des documents authentiques. Examen du tracé des ouvrages extérieurs et de ceux de l'enceinte continue.

II. N° 1. Examen du tracé enseigné aux troupes du génie qui font partie du 8e corps d'armée de la Confédération germanique, et appréciation de sa capacité de résistance.

N° 2. Observation sur le projet de fortification polygonale à caponnières, par un officier du génie prussien; par le Capitaine Baron Maurice, de l'état-major du génie de la Confédération suisse.

(1) Enragirt.

Le plan de Rastadt est probablement accidentellement tombé dans les mains de l'auteur à l'époque de la révolution badoise. — Ce plan est exact aux modifications près apportées dans les ouvrages extérieurs, ainsi que dans les réduits de l'enceinte : *heureusement, il n'est accompagné d'aucune cote!*

La description des ouvrages, faite seulement d'après le plan, n'est pas toujours fidèle et même renferme quelques erreurs, quant aux profils et aux obstacles et moyens accessoires de défense.

Par cette même raison, le plan d'attaque contre le fort Léopold participe de ces quelques erreurs, mais en partant des bases de l'auteur, ce plan d'attaque est curieux et instructif. L'application des calculs de Cormontaingne à la durée de résistance d'une place fortifiée et défendue d'après de tous autres principes ne nous paraît pas juste, quoique le résultat auquel arrive l'auteur, même sans tenir compte de certaines circonstances favorables à la défense, et qu'il ne peut prévoir, soit de nature à rassurer les ingénieurs allemands ; si les recherches habiles et persévérantes de l'auteur ne lui ont pas permis cependant de tout savoir sur Rastadt, on ne peut lui refuser d'avoir réussi à présenter un travail bien plus complet et plus exact que les quelques mots qu'il avait consacrés à cette forteresse, dans son *Essai sur la Fortification moderne,* en 1845.

Malgré les lumières que la fortification de Rastadt aurait dû fournir à l'auteur, il entreprend, dans son second mémoire, d'attaquer l'école nouvelle allemande, qu'il réunit en un seul système, quoiqu'elle ait été composée d'une infinité de variantes tirées du système polygonal et à caponnières.

L'auteur aurait dû être frappé d'une chose, c'est que la nouvelle école allemande ne reconnaît aucun système comme étant sans défauts, qu'elle emploie tantôt le système bastionné, tantôt le système tenaillé, tantôt le système polygonal, en un mot, chaque tracé suivant qu'il peut se prêter à une forme de terrain donnée. Elle n'adoptera jamais le tracé de Cormontaingne, et encore moins les tracés français plus modernes dans tout leur ensemble et sans modifications, et elle a pour cela les raisons capitales que nous allons énumérer :

1° Les tracés bastionnés demandent trop de

place et ne se plient pas assez au terrain, pour ne devoir pas exiger des travaux de terrassements considérables dans une foule de cas;

2° Ils se prêtent si peu aux exigences du défilement, que, dans la pratique, on est souvent forcé de revêtir complétement la magistrale du corps de place ;

3° Ce système est si coûteux, qu'on ne peut point mettre en réserve de quoi construire des casemates, qui sont, en définitive, une construction indispensable ;

4° Il n'est point favorable aux retours offensifs de la garnison. La nouvelle école est tout aussi éloignée d'adopter dans leur ensemble les principes de Montalembert, mais elle est animée du désir de parvenir à modifier ces principes, parce qu'elle espère obtenir par leur emploi un résultat décisif. — Elle reconnaît aux idées de Carnot une grande justesse, mais elle s'en éloigne dans l'application, parce qu'elle les trouve trop compliquées. Elle ne méconnaît point les véritables améliorations signalées par Choumara, mais elle repousse toutes les chicanes et les moyens de défense tortueux, tandis qu'elle proclame hautement son adhésion aux tracés simples, basés sur un système de défense à retours offensifs et facilement compréhensibles par la garnison.

Ce n'est pas ici le lieu d'insister davantage sur ce sujet; mais on peut inférer de ce que nous venons de dire, qu'il ne faut pas juger l'école de fortification allemande dans les formes souvent variables qu'elle revêt, mais dans son esprit et dans ses principes. — Il est vrai que cela seul est une difficulté, car elle n'a encore trouvé aucun organe pour les exposer.

Voici maintenant la réponse que nous nous permettons de faire à l'auteur de l'article ci-dessus.

Le plan de la place de Rastadt (feuille n° 1), n'offre d'inexactitudes que celles relatives aux ouvrages extérieurs que nous avons décrits comme exécutés, et qui, ou ne sont pas encore commencés, ou se trouvent encore en voie d'exécution. Quant à la feuille des coupes et profils, nous reconnaissons qu'il peut bien s'y rencontrer quelques erreurs relatives au relief des réduits casematés, des gorges des bastions; cela vient de ce que plusieurs d'entre eux n'étaient point achevés quand nous avons publié notre mémoire. Mais nous ne pensons pas en avoir omis aucun, ni avoir altéré en rien leur forme et leur orientation. Au surplus, la phrase seule du compte rendu : « *heureusement ce plan n'est point coté!* témoigne suffisamment de son exactitude.

Quelles qu'aient été les lacunes inséparables d'un travail aussi compliqué que celui que nous avons entrepris d'exécuter, on ne pourra pas nous contester, nous l'espérons du moins, que dans le chapitre qui traite du plan d'attaque, le choix du fort Léopold ne soit conforme aux règles de l'art. Et pourquoi cela? parce que les Allemands se sont écartés là d'un de leurs principes habituels, qui est de présenter de grandes lignes droites faisant face à la campagne, et de se ménager l'auxiliaire d'ouvrages collatéraux qui puissent prendre en flanc les travaux de l'ennemi.

Le fort Léopold, placé à l'un des angles du polygone que forme la ville, offre un saillant d'autant plus propre à l'attaque qu'il se présente le premier à la base d'opération naturelle de l'ennemi, et qu'il n'est point convenablement appuyé par des ouvrages collatéraux. — Si nous avons appliqué à l'appréciation de la durée de sa résistance le calcul de Cormontaingne, c'est que les premiers travaux de siége contre le fort A seront en général les mêmes que ceux qu'on entreprendrait contre un front de Cormontaingne, seulement, ainsi que nous l'avons prouvé, les cheminements y marcheront plus rapidement que contre un front bastionné, jusqu'au couronnement du glacis, à cause de l'absence des revers que, dans les fronts bastionnés à angles saillants très-prononcés, l'assiégé peut prendre sur les travaux de l'assiégeant. Notre calcul amène l'assaillant à commencer le dix-neuvième jour ses batteries de brèche contre les escarpes des faces du polygone. Les ingénieurs allemands ne se plaindront pas de notre partialité, car dans un ouvrage récent (1), un officier du génie français estime que le quatorzième jour au matin, la brèche contre les escarpes détachées d'une place polygonale d'un tracé assez semblable au fort A, doit être déjà ouverte. Il est vrai qu'il ne suppose pas que l'assiégeant ait eu préalablement à prendre deux ouvrages comme les lunettes 34 et 33.

Nous avons exagéré les difficultés relatives au

---

(1) *Mémoires sur la fortification polygonale;* construite en Allemagne depuis 1815, par A. Mangin, capitaine du génie.—Paris, librairie de Dumaine, 1851.

passage du fossé, en admettant que l'assiégé pourrait recourir à des manœuvres d'eau courante. Mais peut-être aurions-nous pu ne pas faire cette importante concession à nos adversaires; car, si l'assiégé veut pouvoir noyer l'assiégeant dans sa tranchée de passage, il faut évidemment qu'il renonce à utiliser au moment le plus favorable l'artillerie et la mousqueterie de de ses caponnières casematées, dont la garnison n'a d'autre retraite que ce même fossé. Ainsi, ou le fossé sera inondé et les caponnières resteront muettes, ou le fossé ne le sera pas, et les caponnières pourront entrer en jeu. Dans tous les cas, leurs maçonneries auront tellement souffert des coups plongeants dirigés contre elles, qu'elles ne pourront sûrement utiliser qu'un bien petit nombre de leurs embrasures et de leurs créneaux. En conséquence, si nous considérons que les batteries basses des flancs des bastions 3, 4 et 5, les caponnières des saillants et les réduits casematés des places d'armes rentrantes du chemin couvert doivent être ruinés et démantelés au moment du passage du fossé, ce n'est pas quarante heures, c'est une ou deux heures tout au plus qu'il faudra compter pour cette opération; nous aurions donc pu à la rigueur ne calculer que vingt-cinq jours pour la force de résistance du fort A, y compris celle des deux lunettes avancées. Elle serait donc *égale* à celle d'une place à la Cormontaingne *dépourvue d'ouvrages avancés et de tout retranchement*, et *inférieure* à la capacité de résistance d'une pareille place éclairée par deux lunettes comme celle du fort A, et munie d'un retranchement à la gorge de ses bastions.

Dans l'examen du système polygonal et à caponnières, présenté comme modèle à étudier aux officiers de sapeurs du huitième corps d'armée de la Confédération germanique, nous n'avons point nié, ainsi que paraît le sous-entendre l'auteur de l'article contenu dans le *Litterarisches central Blatt*, que l'école allemande n'emploie tour à tour plusieurs systèmes différents, il faudrait pour contester une pareille vérité, ne pas connaître les places de Germersheim, de Vérone, de Rastadt, de Coblentz, d'Ulm et de Mayence, dans lesquelles les ingénieurs allemands ont successivement employé le système polygonal et à caponnières, et un système bastionné bâtard, avec l'escarpe tantôt détachée, tantôt à demi détachée; mais en considérant le tracé du système polygonal que nous avons appelé *modifié*, offert à l'étude des officiers du génie allemand, *comme modèle à étudier*, nous avons été frappé de deux défauts saillants que nous avons cru devoir signaler : le premier, c'est que le corps de place ne se défend pas lui-même, une fois la caponnière prise; le second, c'est que les rentrants et les saillants du polygone y sont si peu accusés, que l'assiégeant peut en débouchant de la troisième parallèle, couronner du même coup le chemin couvert de la demi-lune et celui des deux angles du polygone, ce qui abrège considérablement les opérations du siége. Nous ne pensons pas qu'il soit possible de contester cette assertion.

Arrivons enfin aux *raisons capitales*, qui font que l'école allemande « n'adoptera jamais ni le « tracé de Cormontaingne, ni les tracés bas- « tionnés modernes de l'école française dans « leur ensemble, et sans les modifier. » Nous reprendrons les quatre objections principales dans l'ordre où nos adversaires les ont énoncées.

1° Les tracés bastionnés demandent trop de place et ne se plient pas assez au terrain, pour ne devoir pas exiger des travaux de terrassement considérables dans une foule de cas.

En comparant une place du système polygonal, composée de six fronts de 500 mètres de longueur avec un ennéagone bastionné, dont le côté extérieur serait de 340m, on trouve que dans la première, le rapport du développement de la magistrale au côté extérieur est comme 160 : 500, et dans la seconde comme 80 : 340; la différence en faveur du système polygonal est donc représentée par le rapport de $\frac{1}{3,12}$ à $\frac{1}{4,50}$, c'est-à-dire que, dans le système polygonal, la magistrale a un développement égal à près de trois fois le côté extérieur, et dans le système bastionné, à près de quatre fois le côté extérieur. Quant à la capacité intérieure des deux places, un calcul très-exact, tiré du *Mémoire sur la fortification polygonale*, par M. le capitaine du génie Mangin, établit que la surface intérieure de l'ennéagone bastionné est inférieure à la surface du système polygonal à six fronts de 500m chacun, d'environ 28824m. — La surface totale de l'ennéagone bastionné étant de 407,826m, et celle de l'enceinte polygonale de 436,650m, il s'ensuit que la différence relative est de $\frac{28824}{407826}$ ou $\frac{1}{14}$ environ. Mais, si l'on tient compte de l'espace utile déterminé par la rencontre des capitales avec la rue de rempart, cet espace se trouve être pour les 9 bastions de 46,953m, tandis que l'espace correspondant dans le système polygonal, n'est que de 28,980m pour l'enceinte entière.

En sorte, qu'en ajoutant ces nombres à ceux trouvés plus haut, on obtient ;

Pour la capacité intérieure de l'enceinte polygonale.	465,630^{m}
Et pour celle de l'enceinte bastionnée.	454,779
Ce qui donne pour différence en faveur du nouveau système.	10,841^{m}

Et pour différence relative $\frac{10851}{454779}$ ou $\frac{1}{45}$ environ, c'est-à-dire une quantité presque insignifiante. L'objection n'est donc pas sérieuse. — Les travaux de terrassement sont considérables dans le tracé bastionné, cela est vrai ; mais l'école française, partant du principe qu'il vaut mieux opposer aux coups de l'artillerie assiégeante, des massifs de terre que des massifs de pierre, ne se laissera jamais arrêter par quelques milliers de mètres cubes de terre à remuer pour obéir à ce principe fondamental de toute bonne fortification. Nous espérons même que l'idée ingénieuse d'un glacis intérieur au fossé pour couvrir jusqu'au cordon les escarpes du corps de place, sera une fois adoptée par le corps du génie français. Car, si on lit sans préjugé le deuxième Mémoire de M. le commandant Choumara, où il traite des *fossés à glacis intérieurs*, on ne pourra pas ne pas être frappé de la fécondité de cette idée qui, tout en préservant les maçonneries du corps de place des vues du dehors, et en forçant l'assiégeant à établir dans le fossé même ses batteries de brèche, fournit par l'élargissement du fossé les remblais nécessaires à de grands reliefs.

Passons à la seconde objection :

2° Ils se prêtent peu aux exigences du défilement, etc.

Et d'abord, qu'est-ce que le défilement ?

L'art du *défilement* consiste à déterminer le relief d'un ouvrage, de telle sorte que les défenseurs se trouvent partout dans l'intérieur de cet ouvrage à couvert des vues et des coups de l'ennemi. — On doit se défiler des hauteurs situées à 1500 mètres et pas au delà. — Le plan de défilement d'un ouvrage ne doit pas en général s'élever de plus de 3 mètres au-dessus du plan de site. On cherche d'abord à établir la crête de l'ouvrage dans un seul plan de défilement ; si cela n'est pas possible, on en construit deux, un pour chaque face. Quand ces plans se coupent en gouttière, on élève une traverse pour garantir les défenseurs de la face droite des coups qui passeraient par-dessus la face gauche, et réciproquement.

Grâce à ces règles dont l'application pratique est parfaitement familière à tous les ingénieurs militaires français, nous ne comprendrions pas trop quelles difficultés insurmontables pourraient se présenter dans le défilement d'un front bastionné. On a souvent soulevé contre le système bastionné l'objection que les coups dirigés par l'assiégeant contre la face droite d'un bastion, pouvaient aller donner de revers contre les banquettes et les pièces du flanc gauche, et que les traverses élevées contre le ricochet, perpendiculairement aux faces et aux flancs, n'étaient d'aucun secours contre ces coups de revers. — Si les ingénieurs allemands, au lieu de s'en tenir à la critique routinière des Montalembert et des Carnot, et de répéter leurs anciennes objections contre le système bastionné, se tenaient plus au courant des systèmes français, ils sauraient que la question du défilement par les traverses a subi, dans l'esprit des ingénieurs modernes, d'importantes modifications; et qu'il est bien reconnu aujourd'hui qu'une traverse en capitale qui couvrirait de 40 à 50 mètres carrés de terre-plein, et qui dépasserait en relief celui des traverses ordinaires de 4 à 6 mètres, abrite six ou huit pièces de face et de flanc contre les coups de revers ou de ricochet, beaucoup mieux que six ou huit traverses ordinaires qui encombrent un espace double de terre-plein. Si, d'ailleurs, on ménage dans l'intérieur de cette traverse une batterie casematée, abritée par des merlons en terre, on obtiendra un tir en brèche de l'effet le plus efficace. Les Allemands, pour éviter les difficultés inhérentes au défilement, ont pris le parti de présenter à l'ennemi de longues lignes presque droites : de là, le système polygonal; par ce moyen, ils préservent les banquettes du ricochet, mais en même temps ils se privent de l'avantage précieux des feux croisés et des feux flanquants; voilà pour le corps de place. Pour les ouvrages extérieurs, ils pensaient les soustraire au ricochet en abaissant leurs reliefs, de telle manière qu'on ne pût les découvrir de la campagne; mais ils n'avaient pas songé que les pièces vitales de leur tracé, les grandes caponnières du fossé et les traverses casematées qui bouchent en général la trouée du fossé de leur demi-lune, pourraient toujours être démolies de loin par le simple tir de but en blanc des batteries établies dans la deuxième parallèle.

Ce tir plongeant est bien autrement dangereux

que le tir à ricochet, et ses résultats seront plus certains.

3° « Le système bastionné est si coûteux, « qu'on ne peut point mettre en réserve de quoi « construire des casemates qui sont, en défini- « ve, une construction indispensable. » Les calculs que nous empruntons à l'ouvrage déjà cité du capitaine Mangin, établissent que neuf fronts bastionnés ayant une escarpe de 10 mètres de hauteur et des flancs de 40 mètres coûteront 3,657,150 fr., et que six fronts du système polygonal avec une escarpe détachée de 7 mètres de hauteur, et une caponnière de fossé à deux étages, coûteront 2,989,500 fr. La différence en faveur de ce dernier système est de 667,650 fr., et l'économie relative est de $\frac{667650}{3657150} = \frac{1}{5,47}$. Il y a donc une économie de $\frac{1}{6}$ en faveur de la fortification polygonale; mais cette économie n'a pas lieu pour les places polygonales où l'on a adopté un revêtement avec voûtes en décharge comme à Germersheim, ou une escarpe à demi détachée comme à Ulm et dans les forts détachés de Mayence.

Les Français sont sobres dans l'emploi qu'ils font des batteries casematées et des murs casematés : nous devrions dire, surtout, que quand ils y ont recours, ils les construisent *mieux* et les abritent *toujours*. Une des places modernes où ils en ont fait le plus usage, c'est la place de Lyon. Si les ingénieurs allemands visitent les forts détachés de la rive gauche du Rhône, ils verront que le fort Villeurbanne, par exemple, a un réduit quadrilatéral revêtu d'une escarpe à demi détachée en maçonnerie percé de créneaux et de machicoulis, un bastionnet percé de casemates à canon flanque le pan coupé du saillant et les deux faces sont flanquées par deux demi-bastionnets casematés placés à leurs extrémités. Une caserne défensive casematée et voûtée à l'abri de la bombe, occupe la gorge du réduit.

Mais ce réduit est placé dans le terre-plein d'un vaste fort bastionné à remparts terrassés et à escarpe revêtue, qui est enveloppé lui-même d'un large fossé à l'eau ; ce réduit n'est point vu du dehors, et on ne peut rien de loin à ces casemates, vu le puissant relief des fronts bastionnés du fort.

En peut-on dire autant des batteries casematées et des murs casematés qu'on voit dans les forts de Cologne et de Mayence ? Non certes ! — Enfin, quand les ingénieurs français placent des batteries casematées en vue de l'ennemi, comme à Belfort, à Lyon et à Grenoble, ils ont soin de les construire de manière que les maçonneries des pieds-droits de leurs voûtes soient abritées par des massifs en terre, et que la plupart des coups dirigés contre elles soient parés par les joues des merlons entre lesquelles débouche la baie de la casemate. Au moyen de cette construction, la casemate peut résister à une canonnade très-prolongée, et les artilleurs y demeurent à l'abri des éclats si dangereux des coups d'embrasures.

Nous ne reviendrons pas sur l'emploi abusif que font, des casemates, les ingénieurs allemands, il est assez connu; mais puisqu'ils persévèrent à livrer ainsi, sans bouclier protecteur, leurs murailles aux coups de l'assiégeant, il est peut-être bon qu'ils sachent que, par suite d'expériences faites, en 1847, sur une grande échelle, on est parvenu à s'assurer que : à 300 mètres de distance et sous un angle de 78° dans l'horizon, une casemate à canon dont le revêtement était de 3m,45 d'épaisseur, les voûtes très-solides et les pieds-droits de séparation, de 1m,80 d'épaisseur, a été *complétement détruite* par le tir de 100 coups de canon du calibre de 24 et de 16. — Qu'adviendrait-il des casemates à canon du corps de place de Germersheim, si elles étaient appelées à fournir une épreuve sérieuse de leur solidité?

4° Le système bastionné n'est point favorable aux retours offensifs de la garnison.

Nous sommes forcé de contester cette assertion ; elle n'est point conforme à l'expérience des siéges passés, et il y a, dans la phrase de l'auteur de l'article, un vague qui tranche assez singulièrement avec l'assurance d'une argumentation sans preuve.

Mais d'abord, l'auteur conviendra que les actions de vigueur et les retours offensifs perdent beaucoup de leurs chances de succès quand les attaques de l'ennemi, bien liées par les parallèles et les demi-parallèles, commencent à se rapprocher des glacis : car, il se trouve toujours plus en force pour repousser les sorties de la garnison; mais, au moins, un chemin couvert traversé et des contrescarpes revêtues permettent à cette garnison de lui disputer le terrain pied à pied dès qu'il est à 60 mètres des glacis; elles le forcent à cheminer à la sape pleine, à construire des cavaliers de tranchée,et, de temps en temps, des détachements réunis au pied de la contrescarpe peuvent tomber à l'improviste sur les têtes de sape.

Qu'arrive-t-il, au contraire, avec un glacis contrepenté, c'est que les approches ne sont point observées ni disputées à l'ennemi. La garnison peut marcher en ligne plus déployée contre l'assiégeant; mais si elle se trouve aux prises avec une grand'garde plus nombreuse qui la repousse et la poursuive, qui l'empêchera de descendre dans ce fossé avec la garnison en déroute, et de brusquer l'assaut contre les traverses casematées des demi-lunes déjà ruinées par le canon de l'ennemi, et dont les feux sont probablement éteints, afin de s'y loger et de pénétrer dans la place, si les portes pratiquées dans les murs qui relient les caponnières au corps de place ont été démolies à coups de canon? Un pareil danger n'existe pas pour le système bastionné.

L'ennemi doit couronner le chemin couvert, établir ses batteries de brèche, et faire enfin un passage de fossé, opération toujours longue et dangereuse.

On nous permettra une dernière réflexion avant de terminer notre réponse à l'auteur de l'article du *Litterarisches Central-Blatt*. L'école allemande, dit-il, proclame hautement son adhésion aux tracés *simples*, basés sur un système de défense à retours offensifs, et facilement intelligible à la garnison chargée de les défendre. Nous prenons acte de cette profession de foi ; mais il nous semble, qu'avec de tels principes, une école sans préjugés devrait plutôt prendre pour modèles Vauban et Cormontaingne, que Carnot et Montalembert.

FIN.

ERRATA.

Pages 2, ligne 16, le Hardenberg, *lisez* : Hardeberg.
— 4, — 10, du Hardenberg, *lisez* : Hardeberg.
— 6, — 30, fort Wezenau, *lisez* : Weizenau.
— 11, — 8, du Hardenberg, *lisez* : Hardeberg.
— 22, — 7, le fort Hartenberg, *lisez* : Hardeberg.

www.ingramcontent.com/pod-product-compliance
Ingram Content Group UK Ltd.
Pitfield, Milton Keynes, MK11 3LW, UK
UKHW021551260726
13993UKWH00002B/758

9 782329 492827